A leitura

FUNDAÇÃO EDITORA DA UNESP

Presidente do Conselho Curador
Mário Sérgio Vasconcelos

Diretor-Presidente
Jézio Hernani Bomfim Gutierre

Superintendente Administrativo e Financeiro
William de Souza Agostinho

Conselho Editorial Acadêmico
Carlos Magno Castelo Branco Fortaleza
Henrique Nunes de Oliveira
João Francisco Galera Monico
João Luís Cardoso Tápias Ceccantini
José Leonardo do Nascimento
Lourenço Chacon Jurado Filho
Paula da Cruz Landim
Rogério Rosenfeld
Rosa Maria Feiteiro Cavalari

Editores-Adjuntos
Anderson Nobara
Leandro Rodrigues

Vincent Jouve

A leitura

Tradução
Brigitte Hervot

© 1993 Hachette Livre

Título original em francês: *La lecture.*

© 2002 da tradução brasileira:
Fundação Editora da UNESP (FEU)
Praça da Sé, 108
01001-900 – São Paulo – SP
Tel.: (0xx11) 3242-7171
Fax: (0xx11) 3242-7172
www.editoraunesp.com.br
www.livrariaunesp.com.br
feu@editora.unesp.br

Dados Internacionais de Catalogação na Publicação (CIP)
(Câmara Brasileira do Livro, SP, Brasil)

Jouve, Vincent
    A leitura / Vincent Jouve; tradução Brigitte Hervot. – São Paulo: Editora UNESP, 2002

    Título original: La lecture.
    Bibliografia.
    ISBN 85-7139-412-1

    1. Leitura 2. Teoria literária I. Título.

02-4429   CDD-418.4

Índice para catálogo sistemático:
1. Leitura 418.4

Cet ouvrage, publié dans le cadre du programme d'aide à la publication, bénéficie du soutien du Ministère français des Affaires Etrangères.

Este livro, publicado no âmbito do programa de auxílio a publicações, contou com o apoio do Ministério das Relações Exteriores da França.

Editora afiliada:

Asociación de Editoriales Universitarias
de América Latina y el Caribe

Associação Brasileira de
Editoras Universitárias

Nota da tradutora

Conheci a obra de Vincent Jouve em 1995, numa reunião do grupo acadêmico "Leitura e literatura na escola", da Faculdade de Ciências e Letras de Assis/UNESP, por intermédio de meu colega João Luís Ceccantini. A obra lhe havia sido indicada por Jean Verrier, professor da Université Paris 8, durante uma viagem à França. A leitura deste livro permitiu-me descobrir uma obra essencial para quem pretende iniciar estudos sobre a metodologia da leitura e para todos aqueles que se dedicam ao tema. Por isso, decidi traduzi-la. Convém assinalar algumas modificações em relação ao original: a ampliação do sumário, com a inserção dos títulos dos textos que complementam cada capítulo, bem como a inclusão de índices onomásticos dos escritores (romancistas e poetas), das obras ficcionais e dos personagens citados no livro.

Agradeço aos amigos que me motivaram e me ajudaram neste trabalho; e a Maria do Carmo Savietto, a revisão dedicada e inspirada da tradução.

Dedico esta tradução a Ruy, Julien e Max, *mes amours et mes compagnons.*

B. H.

Sumário

Introdução   11

    O impasse dos estudos formalistas   11

    A evolução da linguística: avanço da pragmática   12

    Crítica literária e teoria da leitura   13

1 O que é a leitura?   17

    Uma atividade com várias facetas   17

    Uma comunicação diferida   23

    Leitura inocente e leitura crítica   27

    Textos

        Por uma análise da leitura inscrita   30

        O interesse da releitura   32

2 Um quebra-cabeça teórico: o leitor é pensável?   35

    As máscaras do leitor   35

    No início havia o "narratário"   39

    Uma posteridade perturbadora   43

O leitor real   **49**

Textos

Os sinais do narratário   **53**

A insuficiência dos leitores abstratos   **56**

3 Como se lê?   **61**

A interação texto-leitor   **61**

O texto como programação   **67**

O papel do leitor   **74**

Textos

O desempenho do leitor: o jogo de complementaridade entre memória de curto prazo e memória de longo prazo   **83**

A leitura como previsão: o modelo do jogo de xadrez   **85**

4 O que se lê?   **89**

Os níveis de leitura   **89**

A leitura centrípeta   **93**

A leitura centrífuga   **98**

Textos

Leo Spitzer e a leitura hermenêutica   **103**

A leitura disseminadora de Roland Barthes   **105**

5 O vivido da leitura   **107**

A fruição do imaginário   **107**

O prazer do jogo   **111**

Uma viagem no tempo   **114**

Textos

A leitura como interiorização do outro   **119**

O papel motor das emoções   **120**

6 O impacto da leitura   **123**

Os desafios   **123**

Do texto ao real   **127**

A leitura

Regressão e progressão   132

Textos

   Os prolongamentos concretos da experiência leitora   **138**

   A leitura como redescoberta de si   **139**

Conclusão   143

Referências bibliográficas   145

Índice dos críticos e teóricos   149

Índice dos escritores (romancistas e poetas)   151

Índice das obras ficcionais   153

Índice das personagens   157

Introdução

O impasse dos estudos formalistas

É durante os anos 1970 que os profissionais da análise de textos começam a estudar a leitura. A obra literária que, até então, era entendida na sua relação com uma época, uma vida, um inconsciente ou uma escrita é repentinamente considerada em relação àquele que, em última instância, lhe fornece sua existência: o leitor. Os teóricos percebem que as duas questões mais importantes que eles se colocam – o que é a literatura? como estudar os textos? – significam se perguntar por que se lê um livro. A melhor forma de entender a "força" e a perenidade de certas obras não equivale, de fato, a se interrogar sobre o que os leitores encontram nelas?

O interesse pela leitura começa a se desenvolver no momento em que as abordagens estruturalistas começam a sofrer certo cansaço. Percebe-se que é inútil querer reduzir o texto literário a uma série de formas. A poética está num impasse: um estudo limitado às estruturas leva a modelos demasiado gerais ou demasiado incompletos. De fato, por um lado, os procedimentos que os teóricos levantam como constitutivos da literatura encontram-se fora dela: Roland Barthes aplica o método estrutural aos filmes de James Bond, e Greimas reconhece facilmente as grandes formas "literárias" no enunciado de uma receita culinária. Por outro lado, a poética, ciência do geral, não consegue mostrar a originalidade de cada texto: se o uso da "polifonia" (a multiplicação dos pontos de vista) é de fato um dos maiores interesses da obra de Dostoiévski, deve-se admitir que o procedimento não suscita o mesmo fascínio em autores mais medíocres. O valor de uma obra literária não se reduz à utilização desta ou daquela técnica.

A insuficiência do estruturalismo demanda, portanto, uma renovação da abordagem dos textos literários. Ora, no início dos anos 1980, os progressos da linguística abrem justamente novas perspectivas.

A evolução da linguística: avanço da pragmática

É a expansão da pragmática que vai levar os estudiosos da literatura a se interessar pelos problemas da recepção. Para descrever o funcionamento da linguagem, a linguística acrescentou aos dois ramos tradicionais – a "sintaxe" (relação dos signos entre si) e a "semântica" (relação dos signos com o que eles significam) – a "pragmática" (relação dos signos com seu usuários). Essa tripartição é devida ao filósofo americano C. Morris (*Fundamentos da teoria dos signos* de 1938). De acordo com a etimologia (a palavra grega *pragma* significa "ação"), a pragmática analisa o que os locutores "fazem" com a linguagem. Esse ramo particular da linguística desenvolveu-se rapidamente a partir dos anos 1960. Citemos as duas obras mais importantes, a de J. L. Austin, *How to do things with words* (publicada em 1962 e traduzida em português com o título de *Quando dizer é fazer*), e a de O. Ducrot, *O dizer e o dito* (ed. orig. 1984). Destacando a existência de verbos performativos, como "jurar" ou "maldizer", que possuem a particularidade de cumprir o que designam, Austin constata que a linguagem, mais do que descrever, pode criar por ela própria uma situação de fatos. A partir desse princípio, Ducrot vai mostrar como a fala sempre se dirige para um destinatário que ela procura influenciar mais ou menos explicitamente.

O que se sobressai dos estudos pragmáticos, portanto, é a importância da interação no discurso. Se a linguagem serve menos para informar do que para agir sobre o outro, um enunciado não pode ser entendido somente pela referência a seu emissor. É o binômio formado por aquele que fala (o locutor) e aquele a quem se fala (o alocutário) que convém levar em conta.

É evidente, portanto, a influência da pragmática sobre o estudo dos textos. Se no falar cotidiano a linguagem procura sempre produzir um efeito, esse fenômeno só pode ser exacerbado numa obra literária na qual a organização dos termos deve muito pouco ao acaso. Assim, entender uma obra não se limita a destacar a estrutura ou relacioná-la com seu autor. É a relação mútua entre escritor e leitor que é necessário analisar.

Crítica literária e teoria da leitura

Mas o que é estudar a leitura? Se o objeto da crítica é a obra, qual é o das teorias da recepção? O desempenho do leitor? O texto que lhes serve de suporte? A interação entre os dois?... Mas será que a leitura se reduz a uma troca bipolar? A relação com a obra não tem também a ver com as práticas culturais, os modelos ideológicos, as invariantes psicanalíticas? Levar em conta esses diversos parâmetros não nos traz de volta ao campo tradicional dos estudos literários?

De fato, existem duas maneiras de abordar o problema. Analisar a leitura significa se interrogar sobre o modo de ler um texto, ou sobre o que nele se lê (ou se pode ler). Ora, se a observação do "como" da leitura confere às teorias da recepção certa especificidade, o problema de seu "conteúdo" leva frequentemente, acentuado pelo desleixo terminológico, a se questionar sobre o ou os sentidos de um texto. Consequentemente, o estudo da leitura confunde-se com o da obra.

Os pesquisadores oscilaram desde sempre entre as duas abordagens. Esquematicamente, podem-se distinguir, entre as grandes perspectivas, os trabalhos da Escola de Constância, a análise semiótica, os estudos semiológicos e as teorias do leitor real.

A Escola de Constância é a primeira grande tentativa para renovar o estudo dos textos a partir da leitura. Ao passo que, até então, o interesse era essencialmente pela relação texto-autor, a "abordagem alemã" propõe deslocar a análise para a relação texto--leitor. A Escola de Constância, contudo, divide-se em dois ramos muito distintos: "a estética da recepção" de Hans Robert Jauss e a teoria do "leitor implícito" de W. Iser.

A "estética da recepção", surgida no início dos anos 1970, parte da vontade de repensar a história literária. Jauss constata o seguinte: a obra literária – e a obra de arte, em geral – só se impõe e sobrevive por meio de um público. A história literária, portanto, é menos a história da obra do que a de seus sucessivos leitores. A literatura, atividade de comunicação, deve ser analisada por seu impacto sobre as normas sociais.

A teoria do "leitor implícito" de Iser, por sua vez, data de 1976. Enquanto Jauss se interessa pela dimensão histórica da recepção, Iser se volta para o efeito do texto sobre o leitor particular. O princípio de Iser é que o leitor é o pressuposto do texto. Portanto, trata-se de mostrar, por um lado, como uma obra organiza e dirige a leitura, e, por outro, o modo como o indivíduo--leitor reage no plano cognitivo aos percursos impostos pelo texto.

A abordagem semiótica de Umberto Eco, tal qual está exposta em *Lector in fabula*, está muito próxima da de Iser. O modelo de Eco data de 1979 e propõe uma análise da leitura "cooperante". O objetivo é examinar como o texto programa sua recepção e o que deve fazer o leitor (ou, melhor, o que "deveria" fazer um leitor modelo) para corresponder da melhor maneira às solicitações das estruturas textuais.

As análises semiológicas devem-se principalmente a P. Hamon e M. Otten. Desenvolvidas nos anos 1980, baseiam-se na vontade de estudar a leitura a partir do detalhe do texto. Aqui não se trata mais de grandes modelos teóricos, mas de análises pontuais, sempre muito apuradas, que colocam em evidência esta ou aquela característica do ato de leitura. M. Otten, numa tentativa de síntese, propõe entretanto apreender a atividade de leitura por meio de três campos nitidamente circunscritos: o texto para ler, o texto do leitor, a relação do texto com o leitor. Assim, constatam-se numerosos empréstimos dos sistemas de Iser e de Eco.

Uma nova abordagem da leitura, centralizada sobre o leitor real, foi inaugurada pelos dois ensaios de Michel Picard: *La lecture comme jeu* [*A leitura como jogo*] (1986) e *Lire le temps* [*Ler o tempo*] (1989). O que Picard critica nos pesquisadores que o precedem é o fato de eles analisarem leituras teóricas operadas por leitores abstratos. Já é tempo, segundo ele, de acabar com essas leituras hipotéticas (que, talvez, nunca existiram) para estudar a única leitura verdadeira: a leitura concreta do leitor real. Diferentemente do leitor desencarnado dos modelos de Iser e de Eco, o leitor real apreende o texto com sua inteligência, seus desejos, sua cultura, suas determinações sócio-históricas e seu inconsciente. É uma perspectiva que se aproxima – embora mais psicanalítica – da nossa em *L'effet-personnage dans le roman* [*O efeito-personagem no romance*] (1992).

Essas diferentes teorias, às quais sempre vamos nos referir, querem, na sua maioria, ter um alcance geral e pretendem se aplicar ao conjunto do *corpus* literário. Contudo, uma vez que muitos efeitos de leitura estão ligados à linearidade da obra, os pesquisadores – sem desprezar os outros gêneros – extraem a maior parte de seus exemplos do universo narrativo. É este o caminho que seguiremos.

1
O que é a leitura?

Uma atividade com várias facetas

A leitura é uma atividade complexa, plural, que se desenvolve em várias direções. Entre as numerosas sínteses propostas, fundamentamo-nos na de Gilles Thérien (1990, p.1-4) "Pour une sémiotique de la lecture" ["Por uma semiótica da leitura"], que vê na leitura um processo com cinco dimensões.

Um processo neurofisiológico

A leitura é antes de mais nada um ato concreto, observável, que recorre a faculdades definidas do ser humano. Com efeito, nenhuma leitura é possível sem um funcionamento do aparelho visual e de diferentes funções do cérebro. Ler é, anteriormente a qualquer análise do conteúdo, uma operação de percepção, de identificação e de memorização dos signos. Diferentes estudos – entre os quais o de François Richaudeau (1969) – tentaram descrever com minúcia tal atividade. Mostraram que o olho não apreende os signos um após o outro, mas por "pacotes". Assim, é frequente "pular" certas palavras ou confundir os signos entre si. O movimento do olhar não é linear e uniforme; ao contrário, é feito de saltos bruscos e descontínuos (de "movimentos sacádicos") entre os quais pausas mais ou menos longas (entre um terço e um quarto de segundo) permitem a percepção. Durante essas paradas, o olho gravaria precisamente seis ou sete signos, ao mesmo tempo que anteciparia a sequência graças a uma visão "periférica" mais vaga.

O deciframento do leitor é mais fácil quando o texto comporta palavras breves, antigas, simples e polissêmicas. Por outro lado, como a capacidade de memória imediata de um leitor (o *"espaço de memória"*) oscila entre oito e dezesseis palavras, as frases mais adaptadas aos quadros mentais do leitor são as curtas e estruturadas. Como assinala Richaudeau, quando um autor não respeita esses grandes princípios de legibilidade, todos os deslizes semânticos tornam-se possíveis; assim, o texto "lido" não é mais realmente o texto "escrito". Tal fenômeno, que, claro, não é raro no campo literário (pensamos, entre outros, no caso de Proust), mostra que o ato de ler é, já em si próprio, fortemente subjetivo.

Assim, considerada no seu aspecto físico, a leitura apresenta-se, pois, como uma atividade de antecipação, de estruturação e de interpretação.

Um processo cognitivo

Depois que o leitor percebe e decifra os signos, ele tenta entender do que se trata. A conversão das palavras e grupos de palavras em elementos de significação supõe um importante esforço de abstração.

Essa compreensão pode ser mínima, dizendo respeito apenas à ação em curso. O leitor, totalmente preocupado em chegar ao fim, concentra-se então no encadeamento dos fatos: a atividade cognitiva serve-lhe para progredir rapidamente na intriga. É o que geralmente se produz durante a leitura dos romances policiais ou de aventura. Quando os textos são mais complexos, o leitor pode, ao contrário, sacrificar a progressão em favor da interpretação: detendo-se sobre este ou aquele trecho, procura entender todas as suas implicações. Roland Barthes, em *O prazer do texto*, descreve com precisão essas duas práticas de leitura:

> uma vai direto para as articulações da história, considera a extensão do texto, ignora os jogos de linguagem (se leio Júlio Verne, vou rápido: perco algo do discurso, e entretanto minha leitura não é atraída por nenhuma *perda* verdadeira – no sentido que essa palavra pode ter em espeleologia); a outra leitura não deixa passar nada; ela pesa, gruda ao texto, lê, se assim se pode dizer, com aplicação e ânimo, enxerga em cada ponto do texto o assíndeto que corta as linguagens – e não a história: não é a extensão (lógica) que a cativa, o desfolhamento das verdades, mas o folhear do sentido. (1973, p.22-3)

Entre "progressão" e "compreensão" existem, claro, regimes intermediários: as duas variáveis podem se combinar em proporções muito diversas. Em todos os casos, contudo, a leitura solicita uma competência. O texto coloca em jogo um saber mínimo que o leitor deve possuir se quiser prosseguir a leitura.

Um processo afetivo

O charme da leitura provém em grande parte das emoções que ela suscita. Se a recepção do texto recorre às capacidades reflexivas do leitor, influi igualmente – talvez, sobretudo – sobre sua afetividade. As emoções estão de fato na base do princípio de identificação, motor essencial da leitura de ficção. É porque elas provocam em nós admiração, piedade, riso ou simpatia que as personagens romanescas despertam o nosso interesse. Tomachevski (1965), desde o início do século, colocava em evidência essa primazia da emoção no jogo textual: "Quanto maior o talento do autor, mais difícil é se opor à suas diretivas emocionais, mais convincente é a obra. É essa força de persuasão que, sendo um meio de ensinamento e de predicação, é a fonte de nossa atração pela obra" (p.296). Essa vulnerabilidade afetiva do leitor está igualmente assinalada por Freud (1985). É dela que dependeria nossa implicação no universo do texto e, consequentemente, a experiência que dele se extrai:

> Em relação ao que nos acontece na vida, comportamo-nos, todos, geralmente, com uma passividade igual e permanecemos submetidos à influência dos fatos. Mas somos dóceis ao apelo do poeta; pelo estado no qual ele nos deixa, pelas expectativas que desperta em nós, ele pode desviar nossos sentimentos de um efeito para orientá-los em direção a outro. (Freud, 1985, p.262)

O papel das emoções no ato de leitura é fácil de se entender: prender-se a uma personagem é interessar-se pelo que lhe acontece, isto é, pela narrativa que a coloca em cena. Se uma ligação afetiva nos liga a Lucien de Rubempré é porque, no decorrer da leitura de *As ilusões perdidas*, interessamo-nos pelas razões – psicológicas e sociais – que causaram sua destruição. Se se percorre com prazer o mundo de *Em busca do tempo perdido*, aceitando ao mesmo tempo a visão da vida e da arte que se reflete nele, é porque as personagens de Proust são alternadamente sedutoras, antipáticas ou divertidas.

Assim, querer expulsar a identificação – e consequentemente o emocional – da experiência estética parece algo condenado ao fracasso. Tal é a lição que J. Leenhardt & P. Jozsa tiraram de seu estudo comparado entre os leitores franceses e húngaros. Analisando de um ponto de vista sociológico a recepção de dois romances (*Les choses* [*As coisas*] de Georges Pérec e *Le cimetière de rouille* [*O cemitério de ferrugem*] de Endre Fejes), eles constataram o seguinte: "Ficou claro que o processo de identificação, que certos escritores e teóricos da literatura contemporânea quiseram eliminar, encontra-se ainda no centro dos principais modos de leitura encontrados durante nossa pesquisa. Designaremos esse modo de *leitura identifico-emocional*" (Leenhardt & Jozsa, 1982, p.38). Notemos a ligação estreita estabelecida entre identificação e emoção. Mais do que um modo de leitura peculiar, parece que o engajamento afetivo é de fato um componente essencial da leitura em geral.

Um processo argumentativo

O texto, como resultado de uma vontade criadora, conjunto organizado de elementos, é sempre analisável, mesmo no caso das narrativas em terceira pessoa, como "discurso", engajamento do autor perante o mundo e os seres. No vocabulário da pragmática, será dito que a intenção *ilocutória* (a vontade de agir sobre o destinatário, de modificar seu comportamento) é inerente aos textos de ficção. Como observa J. M. Adam (1985) em seu estudo sobre a narrativa, "a narração visa levar o interpretador em potencial (caso da comunicação escrita) ou atual (caso da comunicação oral) a uma certa conclusão ou desviá-lo dela" (p.6-7). A intenção de convencer está, de um modo ou de outro, presente em toda narrativa.

Se a função argumentativa está particularmente nítida no romance de tese (*A esperança* de Malraux, por exemplo, visa convencer o leitor do fundamento da causa republicana espanhola), encontra-se também nos outros tipos de textos. Em *Jacques, o fatalista*, Diderot, jogando com as perspectivas, tenta agir sobre o leitor: o ponto de vista de Jacques, que pensa que a liberdade é ilusória e que tudo está escrito, opõe-se ao ponto de vista otimista de seu mestre convencido da existência do livre-arbítrio. Proclamar uma ou outra tese como norma absoluta é logo impossível (já que ambas as perspectivas se neutralizam respectivamente), e o leitor é levado, como desejava Diderot, a concluir que nenhuma referência é universal. Em outras palavras, será que não se pode dizer que o *Ulisses* de Joyce, multiplicando, num só parágrafo, obscuridades e ambiguidades, passando sutilmente de um ponto de vista para outro, obriga o leitor a duvidar de sua capacidade de deciframento? A intenção ilocutória seria, nesse caso, a de levar o leitor a se questionar sobre seu modo de conceber o sentido.

Qualquer que seja o tipo de texto, o leitor, de forma mais ou menos nítida, é sempre interpelado. Trata-se para ele de assumir ou não para si próprio a argumentação desenvolvida.

Um processo simbólico

O sentido que se tira da leitura (reagindo em face da história, dos argumentos propostos, do jogo entre os pontos de vista) vai se instalar imediatamente no contexto cultural onde cada leitor evolui. Toda leitura interage com a cultura e os esquemas dominantes de um meio e de uma época. A leitura afirma sua dimensão simbólica agindo nos modelos do imaginário coletivo quer os recuse quer os aceite:

> O sentido no contexto de cada leitura é valorizado perante os outros objetos do mundo com os quais o leitor tem uma relação. O sentido fixa-se no plano do imaginário de cada um, mas encontra, em virtude do caráter forçosamente coletivo de sua formação, outros imaginários existentes, aquele que divide com os outros membros de seu grupo ou de sua sociedade. (Thérien, 1990, p.10)

Assim a leitura afirma-se como parte interessada de uma cultura. Não se desconhece a repercussão considerável das obras das Luzes sobre a evolução intelectual do século XVIII. Lembremo-nos de que entre 1748 e 1754 foram publicados sucessivamente *O espírito das leis*, a *Carta sobre os cegos*, o primeiro volume da *Histoire naturelle* [*História natural*], o primeiro volume da *Enciclopédia* e o *Tratado das sensações*, e ter-se-á uma ideia do modo com o qual, em alguns anos, a leitura pode transformar as mentalidades.

Uma comunicação diferida

As condições da atividade leitora

A grande particularidade da leitura em comparação com a comunicação oral é seu estatuto de comunicação diferida. O autor e o leitor estão – pelo menos na grande maioria dos casos – afastados um do outro no espaço e no tempo. A relação entre emissor e receptor é, na leitura, totalmente assimétrica. Essa característica, evidentemente, acarreta consequências. Enquanto o enunciado oral evita a maioria das dúvidas graças a remissões diretas e constantes à situação espaçotemporal comum aos interlocutores, o texto apresenta-se para o leitor fora de sua situação de origem. Autor e leitor não têm espaço comum de referência. Portanto, é fundamentando-se na estrutura do texto, isto é, no jogo de suas relações internas, que o leitor vai reconstruir o contexto necessário à compreensão da obra.

Assim, por exemplo, enquanto um diálogo sempre se apoia na situação que serve de quadro para a troca, o texto é apreendido pelo leitor como um objeto autônomo e fechado sobre si mesmo. A mensagem literária, cortada de seu contexto, é recebida como um sistema fechado, cujos diferentes componentes só adquirem um sentido em suas relações mútuas. Não podendo ligar tal elemento isolado a um contexto desconhecido, busca-se qual seria sua função no conjunto construído que a obra forma. Para o leitor, tudo acontece como se o texto criasse seu próprio sistema de referência. Essa especificidade da comunicação escrita, como assinala W. Iser (1985), está longe de ser negativa:

> O discurso ficcional está privado da situação referencial, cuja determinação rigorosa assegura ao ato linguístico sua plena realização. Essa falta evidente não implica qualquer fracasso do discurso de ficção, mas pode servir de ponto de partida para entender melhor a particularidade do discurso de ficção. (p.117)

O que representa uma carência para os discursos, cuja primeira função é informar, não o é forçosamente para os textos estéticos, cujo objetivo, como se sabe, é muito diferente.

O estatuto do texto lido

É precisamente o caráter diferido da comunicação literária que, de certa forma, faz a riqueza dos textos. Recebido fora de seu contexto de origem, o livro se abre para uma pluralidade de interpretações: cada leitor novo traz consigo sua experiência, sua cultura e os valores de sua época. Pierre Barbéris pode assim interpretar Balzac à luz do marxismo, e Charles Mauron reler Mallarmé por meio da psicanálise.

Na obra escrita, o sentido é, para retomar uma expressão de P. Ricœur (1971), *"transévénementiel"* ("transacontecimental"). Em outras palavras, ele escapa da precariedade do discurso oral (evento sempre fugaz), e isso de quatro maneiras:

– pela *fixação*, que o faz escapar do desaparecimento,
– pela *dissociação*, que o faz escapar da intenção mental do autor,
– pela *abertura* sobre um mundo, que o arranca dos limites da situação do diálogo,
– pela *universalidade* de uma audiência ilimitada. (p.183)

Essas quatro particularidades colocam em evidência as potencialidades consideráveis da mensagem escrita.

Enquanto no discurso oral a palavra morre logo ao ser pronunciada, o texto, ao contrário, resiste ao tempo e faz que, ainda hoje, se possa escutar Homero ou Platão.

Ao distender a ligação que, no oral, une o locutor a seu discurso, o escrito permite aos leitores verem no texto outra coisa além do projeto do autor. A diversidade das interpretações que a obra de Shakespeare oferece, em grande parte, provém de nossa ignorância quase completa da personalidade do dramaturgo. Como o autor não está mais presente para negar esta ou aquela leitura, o campo das significações pode se desenvolver quase infinitamente.

Libertando-se da situação, sempre particular, que delimita a troca oral, o texto alarga o horizonte do leitor abrindo-lhe um universo novo. As referências desse último são, de fato, muitas vezes imprecisas. Quando lê Cícero, não é a república romana antiga que o leitor contemporâneo vai descobrir, mas aquilo que, com vários séculos de intervalo, permanece-lhe acessível: um conjunto de traços que, tendo atravessado o tempo, podem, até hoje, ser investidos simbolicamente.

Enfim, substituindo a audiência necessariamente limitada de uma comunicação oral por um número de leitores virtualmente infinito, o texto adquire uma dimensão universal. O livro por excelência, a *Bíblia*, conhece assim leitores que pertencem a todas as épocas, a todos os continentes e a todas as classes sociais.

A "descontextualização" da mensagem escrita é de fato, como se vê, a condição do plural do texto.

Toda leitura é legítima?

Dado o caráter específico da comunicação literária, podemos nos perguntar se cada leitor não tem o direito de interpretar o texto como quer. Na medida em que, cortada de seu contexto, a obra é raramente lida como seu autor queria, não é lógico desistir de ressaltar qualquer intenção primeira e ver apenas no texto o que se quer ver?

Se, como mostramos, não se pode reduzir a obra a uma única interpretação, existem entretanto critérios de validação. O texto permite, com certeza, várias leituras, mas não autoriza qualquer leitura. "Ler", nota Catherine Kerbrat-Orecchioni (1980, p.181), "não é se deixar levar pelos caprichos de seu próprio desejo/delírio interpretativo", pois "se se pode ler qualquer coisa atrás de qualquer texto ... então todos os textos se tornam sinônimos".

Segundo Barthes (1966), uma leitura deve, para ser legítima, satisfazer o critério de coerência interna: "Toda a objetividade do crítico dever-se-á, portanto, não à escolha do código, mas ao rigor com o qual ele aplicará na obra o modelo que escolheu" (p.20). Assim existem três grandes regras de validação: a grade de interpretação deve ser generalizável ao conjunto da obra, deve respeitar a lógica simbólica (tal qual é desprendida pela psicanálise), e ir sempre no mesmo sentido. Numa palavra, a medida da leitura é sua "correção". Barthes tem assim boas razões para propor sua própria leitura de Racine: não se trata para ele de destacar uma verdade qualquer da obra, mas de confrontá-la com uma linguagem (no caso, a do estruturalismo e a da psicanálise).

Ao princípio da coerência interna, Ricœur (1986) acrescenta o da coerência externa: uma leitura não pode se opor a certos dados objetivos (biográficos, históricos ou outros) que se possui sobre o texto. Assim, nem todas as leituras são equivalentes: "Uma interpretação não deve ser somente provável, mas sim mais provável do que outra. Existem critérios de superioridade relativa" (p.202).

A resposta mais satisfatória, contudo, vem com a abordagem semiótica da leitura. Baseia-se na seguinte constatação: a recepção é, em grande parte, programada pelo texto. Dessa forma, o leitor não pode fazer qualquer coisa. Para retomar uma expressão de Umberto Eco (1985), ele tem, diante do texto, deveres "filológicos": deve identificar o mais precisamente possível as coordenadas do autor. Se não fizer isso, assumirá o risco de decodificações absurdas. Eco cita o caso dos *Mistérios de Paris*. O romance de Eugène Sue, primeiramente destinado a um público rico que o folhetinista queria divertir com um quadro pitoresco dos bairros humildes parisienses, é recebido pelo proletariado do século XIX como uma denúncia de suas condições miseráveis de vida. Sue, tomando consciência do fenômeno, procura então convencer esse público popular de que a melhoria de sua existência passa pela via reformista e pela submissão às classes dirigentes. Mas o "erro de leitura" continua e terá, segundo Eco, consequências consideráveis: encontrar-se-ão os leitores dos *Mistérios de Paris* nas barricadas em junho de 1848. Ao interpretar um romance objetivamente reformista como sendo revolucionário, os leitores de Eugène Sue, de certa forma, trapacearam com o texto.

Nem todas as leituras, portanto, são legítimas. Existe de fato, como nota Eco, uma diferença essencial entre "utilizar" um texto (desnaturá-lo) e "interpretar" um texto (aceitar o tipo de leitura que ele programa).

Leitura inocente e leitura crítica

O primeiro público levado em conta

Entre as diferentes leituras autorizadas pelo texto, qual deve ser retida para a análise?

Uma resposta possível é a do teórico alemão H. R. Jauss que, no anseio de não romper com o objetivismo da história literária, propõe levar em conta a primeira leitura da obra. A única maneira de integrar o estudo da recepção à história literária, com efeito, é destacar a leitura dominante na época em que o texto foi escrito: "A análise da experiência literária do leitor escapará do psicologismo que a ameaça se, para descrever a recepção da obra e o efeito produzido por essa, ele reconstituir o horizonte de expectativa de seu primeiro público" (Jauss, 1978, p.49). O quadro geral de compreensão que condiciona a leitura – "o horizonte de expectativa" – deve, de fato, ser reconstruído, se se quer julgar a novidade, a importância e o impacto de uma obra no momento de sua publicação.

O horizonte de expectativa é definido por Jauss por normas essencialmente estéticas: o conhecimento que o público tem a respeito do gênero a que pertence a obra, a experiência literária herdada de leituras anteriores (que familiarizaram o público com certas formas e certos temas) e a distinção vigente entre linguagem poética e linguagem prática. Assim, estudar a recepção de *Madame Bovary* implica a lembrança do que é o romance de costumes em 1857, uma análise das expectativas de um público cansado do romantismo e atraído por temas mais "realistas" (como o adultério), e a definição do que ainda torna literária a linguagem: um estilo bastante floreado que pretende sobrepujar a efusão lírica. O componente sociológico é, como se vê, um pouco negligenciado: a gênese social dos valores estéticos não é examinada. Mesmo assim, permanecemos de fato numa perspectiva histórica. Sem esse reconhecimento do primeiro público, isto é, da massa dos leitores comuns, não se entenderia o destino desta ou daquela obra, a evolução da literatura e, finalmente, a história dos gêneros literários.

A leitura linear

A passagem da teoria da recepção, ainda marcada pela perspectiva histórica, para as semiologias da leitura, atentas às estruturas textuais, leva a colocar o problema em termos diferentes.

A partir do momento em que há a preocupação de destacar os percursos de leitura inscritos no texto, a escolha teórica fundamental opõe a leitura "inocente" (isto é, a primeira leitura, aquela que segue o desenvolvimento linear do livro) à leitura "experiente" (quando o leitor, ou melhor, o "releitor", pode utilizar seu conhecimento aprofundado do texto para decifrar as primeiras páginas à luz do desfecho).

A leitura inocente continua de longe a mais comum. O texto é primeiramente concebido para ser lido na sua progressão temporal (basta pensar nos efeitos de "suspense" do romance policial). Se desejamos saber como o texto funciona, devemos obrigatoriamente levá-la em conta. Observamos, a título de exemplo, um trecho de *A verdadeira vida de Sebastian Knight*, de Nabokov. O narrador faz uma pesquisa sobre seu meio-irmão, um escritor célebre recentemente morto, para escrever sua biografia. Fica sabendo que a vida de Sebastian foi destruída pela sua paixão por uma mulher chamada Hélène von Graun. Vai à casa desta uma primeira vez: é recebido por Madame Lecerf, uma amiga de Madame Von Graun, que lhe propõe marcar um encontro. No início do capítulo XVII, a pergunta que o leitor se faz é mais ou menos a seguinte: Enfim, o narrador vai encontrar Hélène von Graun, essa personagem-chave na vida de Sebastian Knight? A primeira reação do leitor (sobretudo se conhece bem a obra de Nabokov) é responder "Não": suscitar uma expectativa narrativa à qual não se responde de imediato, antes de preenchê--la, é uma técnica demais usada. Num segundo movimento, contudo, o leitor deve reconhecer que a recusa em preencher uma expectativa acabou, por sua vez, por se fixar em *topos* no romance contemporâneo: Nabokov não pode ignorar isso. E, de fato, o escritor escolhe uma terceira solução: o narrador está sozinho com Madame Lecerf na sua casa de campo (a expectativa do leitor, à primeira vista, não é satisfeita), mas ele descobre no fim do capítulo que Madame Lecerf é a própria Hélène von Graun (a expectativa portanto é satisfeita, mas não da forma que se esperava e depois de perdida todas as esperanças). Esse jogo entre o texto e o leitor – um dos charmes essenciais da leitura – está totalmente fundamentado na linearidade da narrativa. A dimensão lúdica do texto deve muito à leitura inocente.

A releitura

Se a leitura linear é a mais respeitosa das regras do jogo, não é necessariamente a mais interessante. A sucessão não é a única dimensão da narrativa: o texto não é somente uma "superfície", mas também um "volume" do qual certas conexões só se percebem na segunda leitura. Daí a pensar que a releitura é a prática mais apropriada à complexidade dos textos literários só falta um passo. Michel Picard (1989) parece disposto a dá-lo:

> A prática da explicação de texto detalhada, bê-á-bá dos estudos literários (cujo método e, sobretudo, campos referenciais muda-

ram), leva a se perguntar se a releitura, longe de ser ocasional e parcial, em razão dos lapsos, dos erros de atenção, ou sistemática e global, mas reservada a diletantes estetas, não seria rigorosamente indispensável, dentro de uma lógica correta, ao próprio ato da leitura ordinária, para a simples compreensão – em suma, *feedback* de um nível superior, mais voluntário e mais consciente. (p.41)

É certo que os "efeitos em troca" permitidos pela releitura são indispensáveis para apreciar, ou até mesmo simplesmente entender, tal passagem textual. A primeira frase de *Bel-Ami* ("Quando o caixa lhe entregou o troco de seus cem soldos, Georges Duroy saiu do restaurante") só pode ser plenamente apreciada sabendo-se que, na sequência da narrativa, é graças às mulheres – cujo apoio financeiro lhe será indispensável – que Georges Duroy escalará os degraus da hierarquia social. Da mesma forma, o nome do personagem, Georges Duroy, só adquire seu verdadeiro valor no sistema que ele forma com as outras apelações destinadas a substituí-lo: se o apelido "bel ami" atesta claramente os sucessos femininos do protagonista, por sua vez o título "Barão Georges du Roy de Cantel", ao evocar o enobrecimento do herói, marca o topo de seu sucesso. Esses diferentes "efeitos de sentido" (o da frase de abertura, o do nome inicial) só são perceptíveis se "já" se sabe o que vai acontecer, isto é, no decorrer de uma segunda leitura.

Desde que uma obra seja minimamente construída, a releitura não é apenas desejável: é necessária.

Textos

Para uma análise da leitura inscrita

Michel Charles é um dos primeiros pesquisadores a ter estudado os problemas da recepção numa época em que, na França, ninguém ainda se interessava realmente por eles. Rhétorique de la lecture [Retóricas da leitura] (1977), *partindo do princípio de que a leitura está inscrita no texto, controlada e delimitada por ele, resolve revelar a força retórica do texto (sua aptidão para enganar o leitor). Assim a obra reúne análises pontuais muito finas que, sem propor um verdadeiro modelo, testemunham a eficácia do texto como "máquina de produzir leituras". A introdução indica as modalidades dessa nova abordagem, destinada a uma posteridade muito rica, e mostra a ligação estreita que une a poética ao estudo do efeito textual.*

A leitura é uma experiência e se encontra, como tal, submetida a um conjunto de variáveis que *a priori* não são da competência da teoria literária. No grande jogo das interpretações, as forças do desejo e as tensões da ideologia têm um papel decisivo. *Em todo caso* esse jogo só é possível na medida em que os textos o permitem. Isso não significa que um texto autoriza qualquer leitura, mas simplesmente que ele é marcado por uma *precarie-dade* essencial, que ele próprio possui *um jogo.* Aqui, talvez, um espaço para se explorar. A leitura, tal qual aparecerá neste livro ou tal qual ali será tratada, é um objeto construído (a construir). Não se trata de estudar as leituras realmente praticadas desta ou daquela obra nesta ou naquela época. Trata-se de examinar como um texto expõe, até mesmo "teoriza", explicitamente ou não, a leitura ou as leituras que fazemos ou podemos fazer; como ele nos deixa livres (ou nos *torna* livres) ou como ele nos reprime.

A leitura, mais que o leitor (como dir-se-ia a narração, mais que o narrador), é um processo complexo que será analisado; o leitor – tal qual o define (ou pode não o definir) o texto – é um papel, apenas um papel. A leitura é uma relação: pode separar o livro do leitor apenas artificialmente. A intervenção do leitor não é um epifenômeno. Na leitura, pela leitura, tal texto constitui-se como literário; poder exorbitante, mas compensado pelo fato de que o texto "ordena" sua leitura. Será conveniente se questionar sobre essa operação. Dessa forma, o trabalho (a exploração) que se segue, de fato, diz respeito ao que se chama a poética. Com efeito, é por essa via que a teoria da literatura pode e deve ter sua palavra a dizer sobre a leitura: ela deveria permitir definir aqui as grandes linhas de uma problemática específica – prelúdio, talvez, de um trabalho mais vasto no qual outras disciplinas (e outros autores) interviriam para determinar segundo quais modalidades as possíveis leituras são ou não aproveitáveis. Lembraremos aqui apenas este fato essencial: a leitura faz parte do texto, está inscrita nele. (Charles, 1977, p.9)

O interesse da releitura

Roland Barthes propõe em S/Z uma leitura aprofundada e "plural" de uma novela pouco conhecida de Balzac, Sarrasine, que ele recorta em lexies (fragmentos contínuos e mais ou menos autônomos). Refletindo acerca do modo de leitura mais rentável, defende a releitura contra a leitura linear.

Ainda é preciso aceitar uma última liberdade: a de ler o texto como se já tivesse sido lido. Aqueles que gostam de histórias bonitas poderão, é claro, começar pelo fim e ler em primeiro lugar o texto tutor, que é fornecido em anexo na sua pureza e sua continuidade, tal qual saiu da edição, enfim tal qual é lido normalmente. Mas para nós que buscamos estabelecer um plural, não podemos parar esse plural às portas da leitura: é preciso que a leitura seja ela também plural, isto é, sem ordem de entrada: a "primeira" versão de uma leitura deve poder ser sua última versão, como se o texto fosse reconstituído para acabar no seu artifício de continuidade, o significante então sendo provido de uma figura suplementar: o deslize. A releitura, operação contrária aos costumes comerciais e ideológicos de nossa sociedade que recomenda "jogar fora" a história uma vez consumida ("devorada"), para que se possa então passar para outra história, comprar outro livro, e que só é admitida em certas categorias marginais de leitores (as crianças, os idosos e os professores), a releitura aqui é proposta de antemão, pois só ela salva o texto da repetição (aqueles que dispensam uma releitura obrigam-se a ler em toda parte a mesma história), multiplica-o na sua diversidade e pluralidade: ela o extrai da cronologia interna ("isto acontece *antes* ou *depois* disso") e reencontra um tempo mítico (sem *antes* nem *depois*); ela contesta a pretensão pela qual acreditamos que a primeira leitura é uma leitura primeira, inocente, fenomenal, que, em seguida, teríamos apenas que "explicar", intelectualizar (como se tivesse um início para a leitura, como se tudo já não tivesse sido lido: não existe uma *primeira* leitura, mesmo que o texto procure nos dar essa impressão com alguns operadores de *suspense*, artifícios espetaculares mais que persuasivos); não é mais consumo, mas jogo (esse jogo que é a volta do diferente). Se, portanto, contradição voluntária nos termos, se relê *imediatamente* o texto, é para obter, como sob o efeito de uma droga (a do recomeço, da diferença), não o "verdadeiro" texto, mas o texto plural: igual e novo. (Barthes, 1970, p.22-3)

2
Um quebra-cabeça teórico:
o leitor é pensável?

As máscaras do leitor

O estatuto do receptor na comunicação literária

É possível entender o ato de leitura, dada a infinidade potencial dos usuários de um texto? Em outras palavras, é possível teorizar o leitor? Para tentar responder, examinemos o estatuto do receptor na comunicação literária.

Vimos anteriormente a especificidade do discurso escrito: na medida em que é cortado de seu contexto de origem, ele cria seu universo de referência apenas pelo poder das palavras. Dessa forma, antes de serem indivíduos concretos, emissor e receptor deixam-se deduzir da escrita. Existe, na comunicação literária, desdobramento das duas instâncias.

No que concerne ao emissor, doravante é conhecida a distinção entre a instância produtora na origem do texto, o "autor", e a instância textual que assume a enunciação, o "narrador". Aquele que "escreve" não é aquele que "conta". O escritor Lesage não se confunde com o narrador Gil Blas cujas memórias contudo assina. Do mesmo modo, o escritor Zola, provido no mundo real de uma biografia bem estabelecida, distingue-se do narrador de *A taberna* que só se apreende pela narrativa. Para ter uma ideia vaga do autor, é preciso fazer uma pesquisa, juntar documentos, ler prefácios: para saber tudo sobre o narrador, basta ler seu texto. O narrador, portanto, é sempre uma criação do autor e pode, consequentemente, distinguir-se dele pelo sexo, pelos gostos, pelos valores ou pela natureza. O narrador das *Memórias de um burro*, Cadichon, embora dotado de uma surpreendente faculdade de reflexão, pertence contudo ao reino animal; claro, não é o caso do autor da obra, a condessa de Ségur.

Simetricamente, o receptor é ao mesmo tempo o leitor real, cujos traços psicológicos, sociológicos e culturais podem variar infinitamente, e uma figura abstrata postulada pelo narrador pelo simples fato de que todo texto dirige-se necessariamente a alguém. Mediante o que diz e do modo como diz, um texto supõe sempre um tipo de leitor – um "narratário" – relativamente definido. O narrador sadiano dos *Infortúnios da virtude*, por exemplo, não se dirige ao mesmo leitor que a narradora dos *Desastres de Sofia*. Pode-se deduzir de cada texto que seus respectivos narratários (os leitores que eles supõem) não têm nem o mesmo saber, nem a mesma idade, nem os mesmos centros de interesse. Pelos temas que aborda e pela linguagem que usa, cada texto desenha no vazio um leitor específico. Assim, o narratário, da mesma forma que o narrador, só existe dentro da narrativa: é apenas a soma dos signos que o constroem.

Público, figura, indivíduo

Pode-se, a partir dessa distinção, repertoriar as máscaras do leitor. Esse último pode ser apreendido – individual ou simultaneamente – como um indivíduo concreto, o membro de um público reconhecido e uma figura virtual construída pelo texto.

A leitura

Na condição de indivíduo concreto, o leitor dificilmente é teorizável: reage ao texto em razão de parâmetros psicológicos e socioculturais extremamente diversificados. Veremos, entretanto, que a psicanálise permite destacar certas constantes.

No plano da história coletiva, o leitor pode ser apreendido por meio do público do qual participa. O leitor efetivo remete não somente ao público contemporâneo da primeira publicação da obra, mas também a todos os públicos reconhecidos que a obra vai encontrar no decorrer de sua história. Se é interessante considerar esses públicos reconhecidos é porque toda leitura de um texto é disfarçadamente atravessada por leituras anteriores que foram feitas dele. Não se leria Montaigne da mesma forma se ele não tivesse sido lido, anteriormente, por Pascal. Do mesmo modo, nossa leitura de *Édipo rei* está, desde então, marcada pela análise de Freud.

Mas o leitor, antes de ter uma realidade histórica (individual ou coletiva), é antes de mais nada, como vimos, uma figura virtual: o destinatário implícito para o qual o discurso se dirige. Essa imagem do leitor definida pelo texto não somente é instituída pelo gênero ao qual a obra pertence (um romance policial pressupõe um leitor-detetive, um conto filosófico um leitor crítico), mas também pela enunciação particular de cada obra (a *Crítica da razão pura*, apenas pelo seu vocabulário – técnico e especializado –, não se dirige ao mesmo público que *Chapeuzinho Vermelho*).

O texto e o além do texto

Essas abordagens diferentes do leitor colocam em evidência uma fronteira muito clara entre o mundo do texto e o mundo do fora do texto. De um lado, existe o leitor inscrito no texto, e, de outro, um indivíduo vivo que segura o livro nas mãos.

Como definir as relações entre esse leitor abstrato, oriundo da obra, e o leitor de carne e osso? A resposta é simples: é preciso considerar o primeiro como um papel proposto ao segundo. Papel que sempre é possível recusar fechando-se o livro. É o que acontece quando existe uma divergência muito grande entre o ponto de vista que o texto postula para seu destinatário e o ponto de vista habitual do leitor. Ninguém *a priori* tem a obrigação de se reconhecer no destinatário-padrão dos romances "Harlequin": um leitor (uma leitora?) apenas preocupado com as reviravoltas provocadas pela paixão de uma moça humilde por um moço bonito e querido antes de ser, finalmente – e necessariamente –, vivida. Em um outro registro, sempre se pode, como sujeito, recusar um papel de leitor ideológico demasiadamente marcado. Como repara Susan Suleiman (1983) no seu estudo sobre o romance de tese, são sobretudo as narrativas "antagônicas" (isto é, baseadas numa estrutura maniqueísta que divide as personagens em "boas" e "ruins") que suscitam no leitor esse tipo de reação:

> O procedimento retórico consiste aqui não em levar gradativamente o leitor a uma verdade predeterminada, mas em tratá-lo de antemão como um possuidor desta verdade, ou pelo menos como alguém cujas simpatias se dirigem para aqueles que a possuem e que lutam em seu nome. Poder-se-ia chamar esse procedimento de persuasão pela cooptação: o leitor, cooptado desde o início no espaço do herói, encontra-se estruturalmente – portanto, necessariamente – do lado "bom". (p.178)

Assim, quando Barrès, em *Os desenraizados*, reconhece como fato absoluto que Astiné, a bela Oriental, é, como estrangeira, a encarnação do mal e da decadência, ou quando Aragon, em *Les beaux quartiers* [*Os bairros elegantes*], considera que o simples estatuto de banqueiro enganado e velho é suficiente para desvalorizar a personagem Quesnel, o leitor tem o direito de não aceitar o papel que lhe é atribuído. Existem textos nos quais não se consegue "entrar". Em geral, não se leem até o fim.

A leitura

No início havia o "narratário"

O recíproco do narrador?

É portanto o termo de "narratário" que, em primeiro lugar, foi proposto para delimitar a figura do leitor inscrita no texto. Eis exatamente como Gérard Genette (1972) define o conceito:

> Como o narrador, o narratário é um dos elementos da situação narrativa, e ele se coloca necessariamente no mesmo nível diegético; isso significa que não se confunde *a priori* com o leitor (mesmo virtual), assim como o narrador não se confunde necessariamente com o autor. (p.265)

O que, nessa definição, é problema, é o adjetivo "virtual". Pois se se entende que o narratário, como instância textual, não se confunde com o leitor real, não se entende muito bem no que ele se distingue do leitor virtual suposto pelo texto.

Na verdade, como fez para o narrador, Genette distingue dois tipos de narratário conforme ele considera a comunicação externa à narrativa (cuja narrativa em si própria representa o desafio), isto é, a leitura, ou a comunicação encenada na narrativa (e que faz parte da história contada), como, uma troca epistolar entre duas personagens. Segundo uma terminologia desde então bastante enraizada, é preciso, pois, distinguir o narratário "intradiegético" (interno à diegese, quer dizer, ao mundo da história) e o narratário "extradiegético" (externo a esse mundo). O primeiro é uma personagem da história, personagem leitor, mas personagem de verdade: é por exemplo o Sr. de Renoncourt ao qual se dirige Des Grieux em *Manon Lescaut*. O narratário extradiegético, ele próprio, não é uma personagem, mas uma figura abstrata, a do destinatário postulado pelo texto. Confunde-se totalmente, portanto, com o leitor virtual: ele "é" o leitor virtual.

Narratário e narrador extradiegéticos, portanto, são de fato duas figuras complementares: trata-se de instâncias abstratas que se deduzem apenas das estruturas da narrativa. Em *O lírio do vale*, é preciso assim diferenciar Félix de Vandenesse e a moça para a qual escreve (narrador e narratário intradiegéticos, personagens da história) da instância que constrói textualmente as duas personagens (o narrador extradiegético) para um leitor virtual supostamente interessado por essa história (o narratário extradiegético).

Foi Gerald Prince (1973) que, em um artigo que marcou época ("Introduction à l'étude du narrataire ["Introdução ao estudo do narratário"]), tentou mostrar precisamente as características desse leitor hipotético. Quais são, pergunta-se Prince – e na ausência de qualquer detalhe preciso do texto –, os traços fundamentais do narratário? O narratário "grau zero", envolvido pela simples existência da narrativa, define-se, segundo ele, por uma série de traços positivos e negativos. Em primeiro lugar, possui certo número de aptidões: não somente domina a língua e as linguagens do narrador (toda narrativa pressupõe em seu leitor a compreensão do código utilizado), mas comprova, além disso, certas faculdades intelectuais (memória ótima, conhecimento da gramática da narrativa, capacidade de extrair pressupostos e consequências). Quanto aos traços negativos, os limites do narratário "grau zero" são os seguintes: só conhece a leitura linear; é desprovido de qualquer identidade psicológica ou social; não possui experiência nem bom senso. Tais são, conforme Prince, os traços básicos do narratário. É modificando uma ou várias dessas características que uma narrativa pode construir seu próprio narratário.

As três faces do narratário

A noção de "narratário", portanto, não tem o mesmo sentido conforme se refere ao plano da narrativa (isto é, ao texto como tal) ou ao da história (isto é, aos acontecimentos narrados). Vários modelos foram propostos para melhorar a distinção. Globalmente, e partindo da história para a narrativa, podem-se distinguir três tipos de narratário.

O primeiro é o "narratário-personagem", aquele que desempenha um papel na história. É, como já foi dito, o narratário intradiegético de Genette. Vimos como a condessa Natalie de Manerville era, dentro da ficção, o destinatário explícito dessa longa carta que é *O lírio do vale*. Salientemos que, no último capítulo, que nos propõe a resposta da condessa, Félix se torna o narratário de uma carta cuja narradora é Natalie. Se Félix e Natalie trocam respectivamente de papéis, nem por isso deixam de ser personagens da história. É precisamente uma das particularidades (e um dos charmes) do romance epistolar construir uma intriga a partir de trocas escritas entre as personagens que se tornam assim, e um após o outro, narradores e narratários.

O segundo tipo é o "narratário interpelado". Trata-se desse leitor anônimo, sem verdadeira identidade, interpelado pelo narrador durante a narrativa. Possui, sabe-se, uma importância capital em *Jacques, o fatalista*:

> O senhor leitor vê que estou no bom caminho, e só dependeria de mim deixá-lo esperar um ano, dois anos, três anos, a história dos amores de Jacques. (Diderot, 1970, p.26-7)

Esse narratário interpelado não é uma personagem (não intervém, como ator, na história). Diderot o utiliza, com a intenção de parodiar, para evidenciar o caráter arbitrário das narrativas e tornar ridículas as expectativas codificadas do leitor. É um narratário do mesmo tipo que se encontra nessa passagem célebre de *O vermelho e o negro*:

> Sim, senhor, um romance é um espelho que passeia numa estrada. Às vezes, reflete para seus olhos o azul do céu, às vezes a lama dos atoleiros da estrada. E o homem que carrega o

espelho na sua bolsa será por vós acusado de ser imoral! Seu espelho mostra a lama, e o senhor acusa o espelho! Melhor acusar a estrada onde está o atoleiro, e mais ainda o inspetor das estradas que deixa a água apodrecer e o atoleiro se formar. (Stendhal, 1964, p.361)

O objetivo de Stendhal é, claro, muito diferente do de Diderot: o narratário interpelado não lhe serve para denunciar a manipulação narrativa, mas para interpelar certa categoria de leitores – bastante numerosa no século XIX – mais pronta para denunciar a "imoralidade" dos romances do que para se interrogar sobre as carências sociais. Ainda aqui, entretanto, o "senhor" interpelado pelo narrador não é nem um personagem da história (não desenvolve nenhum papel) nem o leitor suposto pelo texto (que, por sua vez, sabe muito bem que o romance não tem nada de "imoral").

O último tipo de narratário é o "narratário oculto". Não é descrito, nem nomeado, mas implicitamente presente pelo saber e pelos valores que o narrador supõe no destinatário de seu texto. Examinamos, a título de exemplo, o primeiro parágrafo de *Noventa e três* de Victor Hugo (1979):

> Nos últimos dias de maio de 1793, um dos batalhões parisienses trazidos à Bretanha por Santerre vasculhava o temido bosque da Saudraie em Astillé. Não éramos mais de trezentos, pois o batalhão estava destruído por essa dura guerra. Era a época em que, depois de Argonne, Jemmapes e Valmy, o primeiro batalhão de Paris que contava inicialmente com seiscentos voluntários, só tinha vinte e sete homens, o segundo, trinta e três, e o terceiro, cinquenta e sete. Tempos das lutas épicas. (p.31)

É impossível para o leitor entender essa passagem se não possuir certo número de informações. Deve não somente se lembrar de que, no plano histórico, 1793 é o ano do Grande Terror e da insurreição realista na Vendée (isto é, o apogeu da Revolução, a data-chave que vai decidir o futuro), mas também saber que Santerre é o comandante-chefe da Guarda Nacional, que o bosque da Saudraie é o ponto de encontro dos partidários do rei contra os revolucionários (os *chouans*), e que Argonne, Jemmapes e Valmy são batalhas na guerra impiedosa que opõe a França revolucionária às grandes monarquias europeias. Victor Hugo postula esse saber no seu leitor, se não forneceria ele próprio as precisões necessárias. Portanto, o narratário oculto de *Noventa e três* tem como característica, entre outras, a de possuir um saber mínimo a respeito do período revolucionário.

O narratário extradiegético

Compreende-se que o narratário oculto corresponde ao narratário extradiegético de Genette. Entre as três figuras do narratário, é a única que permite teorizar as condições da atividade leitora a partir da base objetiva do texto. O narratário-personagem pertence de fato à história e o narratário interpelado é apenas uma criação romanesca com a qual o leitor real pode muito bem não se identificar. Lendo *Jacques, o fatalista*, temos o direito de dizer que não nos fazemos as perguntas que o narrador nos atribui (assim como não somos esse leitor hipócrita e falsamente ultrajado que Stendhal interpela em *O vermelho e o negro*).

O narratário extradiegético, portanto, como papel que o texto propõe ao leitor, é de fato o modelo de todos os leitores abstratos ou virtuais que as diferentes teorias da leitura procuraram definir.

Uma posteridade perturbadora

Do leitor implícito ao leitor modelo

A ideia de um leitor virtual, inscrito no texto e que serve de ponte para o leitor real, teve uma extraordinária posteridade. Está no centro de todos os grandes modelos de análise. Entre os principais ensaios de teorização, citemos, na ordem cronológica, o "leitor implícito" de W. Iser, o "leitor abstrato" de J. Lintvelt e, mais recentemente, o leitor modelo de Umberto Eco.

O "leitor implícito" de Iser (1985) remete às diretivas de leitura deduzíveis do texto e, como tais, válidas para qualquer leitor: "Ele incorpora o conjunto das orientações internas do texto de ficção para que esse último seja simplesmente recebido" (p.70). A ideia é a seguinte: na leitura de um texto, o modo pelo qual o sentido está constituído é o mesmo para todos os leitores; é a relação com o sentido que, num segundo momento, explica a parte subjetiva da recepção. Em outros termos, cada leitor reage pessoalmente a percursos de leitura que, sendo impostos pelo texto, são os mesmos para todos. Assim, qualquer leitor das *Ligações perigosas* possui o privilégio, dado pelo texto, de ter acesso ao conjunto das cartas que se trocam. Como esse estatuto é dividido pelos dois protagonistas, Valmont e Madame de Merteuil (que leem de bom grado a correspondência de outro), existe identidade de ponto de vista entre o leitor e as duas personagens. Essa assimilação "mecânica" – provocada pela igualdade de saber – com duas figuras extremas da libertinagem pode ser, segundo os indivíduos, recebida como uma experiência enriquecedora ou, ao contrário, como uma boa razão para condenar o livro. O importante é que, nos dois casos, cada um parte da mesma experiência de leitura: a identificação, imposta pela estrutura do texto, com as duas personagens, Valmont e Merteuil. Se tomarmos um exemplo muito diferente, o leitor implícito dos romances de Agatha Christie, este, por sua vez, vai impor ao leitor real a espera até o fim da história para saber quem é o assassino.

O leitor implícito corresponde, no sistema de Lintvelt (1981), ao "leitor abstrato": "O leitor abstrato funciona, por um lado, como imagem do destinatário pressuposto e postulado pela obra literária e, por outro, como imagem do receptor ideal, capaz de concretizar o sentido total da obra numa leitura ativa" (p.18). Lintvelt fala igualmente, como Genette, de "narratário", mas reserva o termo para o leitor fictício interpelado pelo nar-

A leitura

rador – aquele que designamos antes "narratário interpelado". Examinemos, para maior clareza, essa passagem do *Roman comique* [*Romance cômico*] de Scarron onde o narrador se expressa na primeira pessoa:

> Sou um homem suficientemente honrado para deixar de avisar ao leitor benévolo que, se estiver escandalizado com todas as brincadeiras que viu até agora neste livro, seria bom que não lesse mais nada, pois honestamente não verá outra coisa, mesmo que esse livro fosse tão grande quanto o Cyrus. (apud Lintvelt, 1981, p.22)

Para Lintvelt, essa passagem impõe uma distinção entre três instâncias: o narratário, o leitor abstrato e o leitor concreto:

> O "leitor benévolo" que, aqui, está interpelado é um narratário que, como instância fictícia, deverá ser distinguido, por um lado, do leitor abstrato que justamente é suposto gostar desse tipo de brincadeiras sobre a escrita romanesca, e, por outro, do leitor concreto que está lendo o romance. Evidentemente o leitor concreto poderá adotar a postura ideológica do leitor abstrato divertindo--se com tais intrusões, ou poderá dividir a opinião do leitor fictício a tal ponto escandalizado que seria melhor parar sua leitura. Mesmo assim, trata-se de instâncias de natureza diferente. (p.23)

De nossa parte, diremos simplesmente que o narratário interpelado (o "leitor benévolo" um pouco ridículo e logo chocado) é o suporte da piscada irônica dirigida ao narratário oculto (o leitor perspicaz, postulado pelo texto, que entendeu muito bem que essa artimanha do narrador não lhe era destinada).

Na perspectiva pragmática de Eco (1985), o leitor modelo é definido como "um conjunto de *condições de sucesso* ou de felicidade (*felicity conditions*), estabelecidas textualmente, que devem ser satisfeitas para que um texto seja plenamente atualizado no seu conteúdo potencial" (p.80). Temos, novamente, uma figura de leitor instituída pelo texto: o receptor, ativo e produtivo, que o melhor deciframento possível da narrativa implica. O leitor modelo, em outros termos, é o leitor ideal que responderia corretamente (isto é, de acordo com a vontade do autor) a todas as solicitações – explícitas e implícitas – de um dado texto. Entre as "respostas" que o texto solicita do seu leitor, podem muito bem figurar hipóteses errôneas. O fracasso interpretativo – se estiver programado pela narrativa – pode ser uma das "condições de felicidade" da leitura.

O conscrito, uma novela de Balzac analisada por Franc Schuerewegen (1987), mostra como o leitor modelo pode ser conduzido pelo texto a interpretações errôneas. A narrativa abre-se com o retrato de uma aristocrata, Madame de Dey, que vive numa cidadezinha, Carentan, na época do Terror. Esta acaba de receber uma carta de seu filho Auguste, contrarrevolucionário membro da expedição de Granville, que, da cadeia, lhe comunica um projeto de fuga e de uma volta próxima para Carentan. Enquanto Madame de Dey espera seu filho com fervor, o texto nos revela que um moço está caminhando em direção à cidade. O leitor pensa espontaneamente na técnica do "introito enigmático": para introduzir uma personagem já citada, o narrador finge considerá-la como uma desconhecida. O leitor imagina, portanto, que se trata de Auguste. Com efeito, o moço não tarda em se apresentar na casa de Madame de Dey, que o abraça chamando-o de "meu filho". Mas o recruta é realmente um recruta. Madame de Dey, entendendo seu erro, vê-se obrigada em receber sob seu teto um revolucionário. Morreu por causa disso. O texto, claro, contava com essa leitura errônea que ele próprio provocou deliberadamente. O leitor modelo devia, para que a narrativa cumprisse seu efeito, cometer o mesmo erro que Madame de Dey. O leitor real, para quem "previsibilidade" é sinônimo de "tédio", agradecerá ao narrador por ter desviado suas previsões.

Os leitores implícitos, abstrato e modelo, além de suas diferenças, comprovam o mesmo princípio: a inscrição objetiva do destinatário no próprio corpo do texto. Simples imagens de leitor postuladas pela narrativa ou receptores ativos que colaboram no desenvolvimento da história, esses leitores se baseiam na ideia de que, estruturalmente, existe em qualquer texto um papel proposto para o leitor. Assim, se parecem, quase se confundem com o já velho, mas sempre sólido, narratário extradiegético.

Da análise da narrativa para as teorias da leitura

A multiplicação dos leitores virtuais e a complexidade crescente dos modelos explica-se pela passagem da narratologia para a análise do efeito textual.

A narratologia, que se dava como tarefa descrever os procedimentos da narrativa, não tinha que ir além da instância narrativa. Adotando uma abordagem descritiva para o texto, ela o considerava um objeto acabado, apresentando um certo número de estruturas e técnicas perfeitamente apreensíveis pela análise. Tanto as noções de "narrador" e de "narratário", na medida em que são implicadas pela própria existência da narrativa, dependem plenamente da abordagem narratológica, como a ideia de um leitor implicado leva o teórico muito além da simples descrição.

Se se quer estudar a leitura, a perspectiva é de fato muito diferente: o sistema narrativo, longe de ser percebido como autônomo, deve ser analisado em relação ao leitor. Assim, não basta identificar e descrever o narratário: é preciso se perguntar como o leitor reage a esse papel que o texto lhe propõe. Iser e Eco, por meio das noções de leitor implícito e de leitor modelo, interessam-se, de fato, pelo além do texto. Mais do que a narrativa, o objeto de suas análises é sua "concretização" pelo leitor.

Os problemas pendentes

A dificuldade com os diferentes leitores teóricos que acabamos de examinar é que eles não são tão "teóricos" quanto parece.

Sua realidade "objetiva", que supostamente garante a pertinência e a generalidade da análise, está longe de ser evidente. Para descrever as reações do leitor modelo, Eco é obrigado a passar pelas reações de um leitor empírico que não é outro senão ele mesmo. Como reconhece isso com certo incômodo, nem sempre é fácil distinguir a "interpretação crítica" (portanto, pessoal) da "cooperação interpretativa" (programada pelo texto e, portanto, comum a todos os leitores): "A fronteira entre essas duas atividades é ínfima e deve ser estabelecida em termos de intensidade cooperativa, de clareza e de lucidez na exposição dos resultados de uma cooperação cumprida" (Eco, 1985, p.243). Os critérios que permitem diferenciar a recepção de um leitor particular da do leitor modelo são, como se vê, um pouco vagos. O que autoriza Umberto Eco a destacar o leitor modelo da novela de Alphonse Allais, *Un drame bien parisien* [*Um drama bem parisiense*], é, conforme ele diz, a "intensidade cooperativa", a "clareza" e a "lucidez" de sua própria leitura. É legítimo perguntar se, com outro teórico, o retrato do leitor modelo teria sido idêntico.

De modo mais geral, somos obrigados a constatar, como mostrou Walter Ong (1975) em um artigo notável, que o leitor postulado pelo texto é sempre fictício. É somente uma hipótese que o escritor inventa para construir seu relato. Segundo Genette (1983):

> Nenhum autor, nem mesmo Rousseau ou Michelet, pode se dirigir por escrito a um leitor real, mas somente a um leitor possível. Aliás, mesmo uma carta só se dirige a um destinatário real e determinado desde que *se suponha* que esse destinatário a leia; ora ele pode *pelo menos* morrer antes, quero dizer, *em vez de* recebê-la: isso acontece todos os dias. Até aí, e portanto para o scriptor na sua scripção, por mais que seja determinado como pessoa, permanece virtual como leitor. (p.103)

O leitor postulado pelo texto permanece de fato, e apesar de tudo que se fala, uma conjectura. Assim sendo, pode ele nos ensinar algo sobre as reações concretas dos leitores reais?

O leitor real

A recepção concreta

É a insuficiência dos modelos baseados nos destinatários teóricos que vai levar um pesquisador como Michel Picard (1989) a deixar de lado o leitor *abstrato* em favor do leitor *real*, o indivíduo feito de carne e osso que segura o livro nas mãos. É o único meio, a seu ver, de dar conta da leitura efetiva do texto literário:

> Os leitores teóricos ... representam de fato um avanço científico interessante; mas seu caráter abstrato, narratário tomado no texto ou leitor "inscrito", arquileitor ou leitor modelo, "leitor" histórico-sociológico ou consumidor visado, tudo neles parece asceticamente, hipocritamente, fugir diante dessa obscenidade: *o verdadeiro leitor possui um corpo, lê com ele.* Ocultamos essa verdade tão imperceptível! (p.133).

O leitor real, longe de ser desencarnado, é uma pessoa inteira que, como tal, reage plenamente às solicitações psicológicas e à influência ideológica do texto. Como estudar *Ana Karenina* sem destacar os procedimentos que, influenciando a afetividade do leitor (um leitor muito vivo, que vibra e que se emociona), o implicam no destino de heroína a ponto de questionar o projeto de Tolstói? É de fato a simpatia sentida por Ana – uma simpatia que, conscientemente ou não, está programada pelo texto – que torna a heroína não mais essa figura da decadência e do pecado que Tolstói havia inicialmente imaginado, mas uma personagem emocionante e apaixonante. Em outro registro, será possível apreciar como se merece *A ilha misteriosa* de Júlio Verne não considerando a mistificação ideológica instituída pela narrativa? Diversos estudos mostraram de fato que, atrás da sedutora descoberta de um paraíso adâmico, o leitor era furtivamente levado a legitimar o colonialismo e a ordem social.

A narratologia não pode, por si só, dar conta da influência de um texto. Tornar visível a eficiência das estruturas narrativas não é suficiente: é preciso, num segundo momento, destacar sua influência sobre o indivíduo concreto. Resta saber, claro, como apreender esse último na análise.

O "ledor", o "leitante" e o "lido"

Michel Picard, em *La lecture comme jeu* [*A leitura como jogo*] (1986), propõe encontrar em todo leitor três instâncias essenciais: o "ledor", o "lido" e o "leitante". O "ledor" é definido como a parte do indivíduo que, segurando o livro nas mãos, mantém contato com o mundo exterior; o "lido", como o inconsciente do leitor que reage às estruturas fantasmáticas do texto; e o "leitante", como a instância da secundaridade crítica que se interessa pela complexidade da obra. Assim, a leitura se apresenta como um jogo complexo entre três níveis de relação com o texto.

Quando, no fim de *Madame Bovary*, Homais proclama: "Sou membro de várias sociedades sábias", o narrador esclarece imediatamente, e entre parênteses: "ele era de uma só". Segundo Michel Picard, existe nesse fragmento textual um exemplo interessante do jogo entre as três instâncias leitoras. O procedimento de "montagem crítica" que consiste, uma vez a informação dada, em lhe justapor um comentário que a nega, tem como consequência contrariar o investimento na ficção. Assim, se a frase de Homais, dependendo da ilusão romanesca, dirige-se ao "lido" e ao "ledor" (cuja relação dialética fundamenta os efeitos de participação), o comentário irônico do narrador resulta em acordar o "leitante" (o qual nunca é enganado). Mesmo jogo sutil entre as três instâncias leitoras durante o célebre episódio dos comícios agrícolas. A passagem é construída por uma alternância entre o diálogo amoroso de Rodolfo e Emma e o discurso oficial dirigido do alto do palanque à multidão de camponeses. Esses dois discursos, agindo um sobre o outro no decorrer da leitura, favorecem plenamente o jogo das relações entre "lido", "leitante" e "ledor":

uma aceleração no ritmo da alternância parece representar o aumento do desejo (o que, talvez, perturbe o "lido"), enquanto as recompensas às multidões camponesas mistificadas acentuam a grosseria da sedução de Emma e prefiguram suas desilusões (o que o "ledor" sente ocultamente e o que o "leitante" pode analisar). (Picard, 1986, p.279)

Essa tripartição, por mais interessante que seja, parece apresentar alguns problemas. Se a existência do "ledor" é incontestável, o conceito contudo é pouco operatório para uma análise estritamente textual. Da mesma forma, o caráter passivo do "lido" não é evidente: entre a atitude distanciada e o investimento fantasmático, parece existir um termo intermediário (para Picard, é na relação "ledor"/"lido" que é preciso procurá-lo). Enfim, se o "leitante" se define pelo recuo crítico em relação ao texto, certamente seria preciso distinguir diferentes tipos de "distanciação".

Um modelo para completar?

O sistema de Picard evidentemente está ligado à sua perspectiva de análise: apreender a leitura como jogo. Se, posta de lado essa perspectiva, quisermos teorizar sobre as diferentes instâncias leitoras, parece-nos que o modelo terá que ser mais bem explicado. Assim, como fizemos em *L'effet-personnage dans le roman* (1992), abriremos mão do conceito de "ledor", melhoraremos a definição do "leitante" e extrairemos do conceito de "lido" o de "lendo".

O "leitante", como se viu, sempre se lembra de que o texto é antes de mais nada uma construção. Se toda construção supõe um arquiteto, o "leitante" tem, consequentemente, como perspectiva, uma imagem do autor que o guia em sua relação com o texto. O autor pode ser percebido de duas formas: é tanto a instância narrativa que preside à construção da obra quanto a instância intelectual que, por intermédio do texto, se esforça por transmitir uma "mensagem". O "leitante" pode assim ser desdobrado em um "leitante brincando" (o qual procura adivinhar a estratégia narrativa do texto) e um "leitante interpretando" (o qual visa decifrar o sentido global da obra). O leitor do *Estrangeiro* vai, desse modo, num mesmo movimento, "brincar" com o narrador fazendo previsões sobre o futuro de Meursault e analisar o texto para destacar seu sentido. A pergunta "O que vai acontecer com Meursault?" sempre será acompanhada por esta outra: "O que o autor quer nos fazer entender por meio do retrato desse herói fora das normas?".

Se o "leitante" apreende o texto em relação ao autor, o "lendo" apreende o universo textual por si próprio. O "lendo", de fato, é essa parte do leitor aprisionada pela ilusão referencial que considera o tempo da leitura, o mundo do texto como um mundo que existe. Esquecendo a natureza linguística do texto, ele "acredita", por um momento, no que lhe está sendo contado. O "lendo" é essa parte de nós que pode sucessivamente chorar a morte de Werther, dividir as angústias de Raskolnikov, ou se revoltar com Edmond Dantès contra a injustiça que lhe é feita.

O "lido", tal qual é definido por Michel Picard, engloba certos fenômenos de leitura que classificamos sob o conceito de "lendo" aos quais vem se juntar a satisfação de certas pulsões inconscientes. O "lido", para nós, se limitará a esse segundo ponto. Existe de fato um nível de leitura em que, por meio de certas "cenas", o leitor reencontra uma imagem de seus próprios fantasmas. Assim, de fato, ele que é "lido" pelo romance: o que está em jogo então na leitura é a relação do indivíduo com ele mesmo, de seu eu com seu inconsciente. O interesse do leitor pelas cenas de violência ou de amor reativaria assim o voyeurismo infantil; a vontade de poder dos heróis de romance falaria com os nossos desejos ocultos.

Os fundamentos psicanalíticos

Extrair de cada leitor as mesmas instâncias leitoras supõe em todo indivíduo um certo número de constantes psicológicas. É somente a partir desse postulado que podemos esperar entender – pelo menos em parte – a leitura efetiva de um texto.

Tal concepção do indivíduo nos é dada pela psicanálise. Certos conceitos do freudismo supõem, com efeito, a existência de fatos psíquicos trans-históricos. Os "fantasmas originários", por exemplo, são assim definidos por Laplanche & Pontalis (1981): "estruturas fantasmáticas típicas (via intrauterina, cena originária, castração, sedução) que a psicanálise encontra como organizadores da vida fantasmática, quaisquer que sejam as experiências pessoais dos indivíduos" (p.35). Haveria, assim, em todo indivíduo, além das particularidades pessoais, certo número de invariantes.

Definindo o leitor real como sujeito biopsicológico, têm-se portanto os meios de analisar com precisão a experiência de leitura. Se o leitor abstrato permitia destacar o funcionamento de superfície do texto, o leitor considerado como indivíduo (isto é, como suporte das reações psicológicas e pulsionais comuns a todo indivíduo) permite destacar o funcionamento profundo. Assim que descobrir o narratário extradiegético, isto é, o modo com o qual o texto imagina seu leitor, o trabalho do teórico será analisar como o sujeito reage a esse papel que lhe é proposto. Sabe-se que o narratário de *Crime e castigo* vê a história do ponto de vista de Raskolnikov, do qual penetra os pensamentos e conhece os sofrimentos. Mas quais são, para o leitor real, as consequências dessa comunhão íntima com um assassino? Dessa compreensão "por dentro" de um ato criminoso que, certamente, não aprovaria na realidade? É a resposta a esse tipo de perguntas que a análise do leitor como indivíduo deve trazer.

Textos

Os sinais do narratário

Gerald Prince (1973), em sua "Introduction à l'étude du narrataire" ["Introdução do estudo narratário"], resolve levantar os sinais textuais que permitem traçar, numa dada narrativa, a figura do narratário. Depois de ter lembrado as características do narratário "grau zero" (instância ainda muito vaga, envolvida pelo único fato de que toda narrativa se dirige a alguém), ele elabora a lista dos procedimentos cuja soma desenha progressivamente um narratário particular.

Em primeiro lugar, é preciso mencionar todas as passagens de uma narrativa nas quais um narrador se refere diretamente ao narratário. Serão levantados os enunciados onde aquele designa este por palavras como "leitor" ou "ouvinte" e por locuções tais como "meu querido" ou "meu amigo". No caso em que a narração teria indicado esta ou aquela característica do narratário, sua profissão, por exemplo, ou sua nacionalidade, será preciso reter também as passagens que mencionam essa característica. Assim, o narratário sendo advogado, tudo aquilo que concerne aos advogados em geral será pertinente. Enfim, será preciso selecionar todas as passagens nas quais um narratário é designado pelos pronomes e formas verbais da segunda pessoa.

Ao lado dessas passagens que remetem claramente ao narratário, existem trechos que, mesmo não estando na segunda pessoa, envolvem um narratário e o descrevem. Quando Marcel escreve *Em busca do tempo perdido*: "Aliás, o mais frequentemente, não ficávamos em casa, íamos passear", o "nós" exclui o narratário. Em contrapartida, quando declara: "Sem dúvida nessas coincidências tão perfeitas, quando a realidade se retrai e se aplica sobre o que nós sonhamos há tanto tempo, ela esconde isso de nós inteiramente", o "nós" o inclui. Aliás, frequentemente, uma expressão impessoal, um pronome indefinido podem até mesmo remeter apenas ao narratário: "Mas, uma vez a obra acabada, talvez tenham sido derramadas algumas lágrimas *intra muros* e *extra*".

Muitas vezes, contudo, existem numa narrativa numerosos trechos que, mesmo não contendo aparentemente nenhuma referência – mesmo ambígua – a um narratário, o descrevem mais ou menos precisamente. É assim que certas partes de uma narração podem se apresentar na forma de perguntas ou de pseudoperguntas. Às vezes essas perguntas não emanam nem de uma personagem nem do narrador que se contenta em repeti-las. É preciso então atribuí-las ao narratário e anotar o tipo de curiosidade que o anima, o tipo de problemas que ele gostaria de resolver. Em *O pai Goriot*, por exemplo, é o narratário que se questiona sobre a carreira de Poiret: "O que ele tinha sido? mas talvez tivesse sido funcionário no Ministério da Justiça...". Às vezes também, quando as perguntas e pseudoperguntas emanam do narrador, não se dirigem a ele ou a uma das personagens, mas antes a um narratário cujas resistências, conhecimentos, são então revelados. Assim, Marcel fará uma pseudopergunta para seu narratário, tomando-o como testemunha para explicar a conduta um pouco vulgar, e, por isso mesmo, surpreendente, de Swann: "Mas quem não viu princesas reais muito simples ... usarem espontaneamente a linguagem das velhas tosadoras...?".

Outras passagens apresentam-se na forma de negações. Ora, algumas dessas negações não prolongam a declaração de uma personagem nem respondem a uma pergunta do narrador. São antes as crenças do narrador que elas contradizem, suas preocupações que elas dissipam, suas perguntas às quais elas respondem. O narrador dos *Falsos moedeiros* desmentirá vigorosamente a teoria elaborada pelo narratário para explicar as saídas noturnas de Vincent: "Não, não era na casa de sua amante que Vincent Molinier ia assim toda noite". Às vezes, é uma negação parcial que é reveladora. *Em busca do tempo perdido*, o narrador, ao mesmo tempo que acha inteligentes as suposições do narratário acerca do extraordinário sofrimento de Swann, acha-as um tanto insuficientes: "Esse sofrimento que sentia não parecia com nada do que ele tinha acreditado. Não somente porque em suas horas de mais inteira desconfiança ele raramente imaginara um mal tão grande, mas porque, mesmo quando imaginava essa coisa, ela permanecia vaga, incerta...".

Existem também passagens onde figura um termo com valor demonstrativo, o qual, em vez de remeter a um elemento anterior ou posterior da narrativa, remete a outro texto, a um além do texto que o narrador e seu narratário conheceriam: "Ele olhou para o túmulo e derramou aí sua última lágrima de moço ... uma dessas lágrimas que, da terra de onde caem, respingam até nos céus". Segundo essas poucas linhas, o narratário do *Pai Goriot* reconhece o tipo de lágrimas que Rastignac enterra. Com certeza, já ouviu falar delas, certamente já as viu, talvez ele próprio já as derramou!

As comparações e analogias que se encontram numa narração nos fornecem igualmente indicações mais ou menos preciosas. Com efeito, o segundo termo de uma comparação é sempre suposto ser mais conhecido do que o primeiro. Pode-se, portanto, a partir dessa constatação, supor que o narratário do *Vaso de ouro*, por exemplo, já ouviu o barulho do trovão ("A voz apagou--se, como o rugido longínquo e surdo do trovão") e começar assim a reconstituição parcial do tipo de universo que lhe é familiar.

Mas os sinais mais reveladores algumas vezes e, às vezes também os mais difíceis de delimitar e descrever de modo satisfatório, são talvez aqueles que chamamos – por falta de um termo mais apropriado – as "sobrejustificações". Todo narrador explica mais ou menos o mundo de suas personagens, motiva seus atos, justifica seus pensamentos. Se acontecer de suas explicações, suas motivações se situarem no plano da metalinguagem, da metanarrativa, do metacomentário, serão sobrejustificações. Quando o narrador de *A cartuxa de Parma* revela ao narratário que no Scala "o costume manda que essas pequenas visitas nos camarotes não demorem mais do que vinte minutos", ele só está pensando em lhe fornecer indicações necessárias para a compreensão dos acontecimentos. Em contrapartida, quando pede desculpa por uma frase mal formulada, quando se desculpa por ter que interromper seu relato, quando confessa ser incapaz de retratar bem tal sentimento, são sobrejustificações que está usando. Essas sempre nos trazem detalhes interessantes sobre a personalidade de um narratário, embora frequentemente o façam de modo muito indireto; pois, mesmo ultrapassando suas resistências, mesmo vencendo seus preconceitos, mesmo acalmando suas apreensões, elas o desvelam. (Prince, 1973, p.183-5)

A insuficiência dos leitores abstratos

Michel Picard, em La lecture comme jeu (1986), propõe-se a analisar a recepção concreta dos textos literários. Assim, seu objeto de estudo é o leitor real, e não um dos numerosos leitores teóricos propostos até então pelos grandes modelos de análise.

Sabe-se talvez com quais dificuldades teóricas insolúveis se confrontaram, por falta de uma teoria coerente e mesmo de uma consideração do Sujeito psicológico, o formalismo e a teoria da recepção. "Todas as obras da mente contêm em si a imagem do leitor ao qual são destinadas", escrevera Sartre numa célebre fórmula. Mais do que ao leitor real, colocado explícita ou implicitamente como fora do campo, nós nos prendemos sobretudo a essa "imagem", enquanto os sociólogos ou os publicitários, por meio de pesquisas, de estudos de mercado ou de monografias, tratavam o leitor *visado* e de diferentes tipos de leitores empíricos. Em face da tentação subjetivista, essa "imagem" remetia a duas outras tentações não menos temidas.

A primeira consistia em prever funcional e abstratamente o leitor como um tipo de decodificador automático, de computador biológico mais ou menos bem programado. Riffaterre concebia seu arquileitor como uma "ferramenta para levantar os *stimuli* de um texto", "a soma (não a média) das leituras" possíveis num dado momento, determinadas pela identificação, segundo "leis de perceptibilidade", de *patterns* e de desvios em relação a esses modelos. Por sua vez, Althusser e seus alunos falavam de "leituras ótimas". Iser, sobretudo, propunha a noção de "leitor implícito" e procurava *deduzir do texto* (de suas estruturas de chamada, de suas prescrições de leitura, de suas ofertas de identificação, de seus lugares de indeterminações) os mecanismos mentais potenciais da "imagem" sartriana. Poder-se-ia dizer que, em certa medida, todas essas propostas interessantes do fim dos anos 1960 baseavam-se no que Michel Charles chamou de "retórica da leitura".

Para evocar a segunda tentação, basta apelar para as pequenas etiquetas, frequentemente impressas em Épinal, e nas quais, antigamente, era proposto às crianças encontrar o caçador, ou o coelho – confundidos no desenho com alguma folhagem cujas estranhas volutas despertavam a suspeita. Ou ainda ao célebre retrato dos Arnolphini, onde se entrevê, no fundo de um espelho central com ambições cósmicas, uma pequena silhueta que, por brincadeira, podemos confundir com nosso próprio reflexo. Assim cansamos às vezes de procurar o leitor de fato *no* texto, levando a sério as estratégias sedutoras de um escritor-aranha. Certos textos aliás dirigem-se inteiramente para a captura impossível, para esse contato mágico e suspeito além da página entreaberta. Certos escritores, como Rousseau empolgado durante a redação de *A nova Heloísa*, parecem solicitar alucinadamente a presença real, junto deles, no livro, de seu leitor sonhado – tal qual esse viúvo imaginativo de *Véra* [Vera] de Villiers de L'Isle-Adam que acabava, graças à força de vontade, suscitando, ressuscitando o objeto de seu amor (até o instante, infelizmente, em que o horroroso bom-senso, a falta de fé e o cansaço o dissolviam de manhãzinha...). Esse leitor *inscrito*, tão mais fácil de estudar do que o verdadeiro, pode ser primeiramente uma personagem leitor: Francesca de Rimini, Dom Quixote, Emma Bovary são os exemplos mais conhecidos e citados. O romance epistolar ocupa aqui um lugar privilegiado; poderia reservar um, muito especial, para o caso raro mas curioso de uma pessoa real progressivamente jogada na ficção e acabando, personagem, por lhe pertencer e ficar presa para sempre: é a história do Marquês de Croismare e de *A religiosa*, tal qual a estudam Lucette Pérol e Gabrijela Vidan. É possível também desenhar com certa firmeza alguns destinatários, como aqueles de *Tristam Shandy*, de *Jacques, o fatalista* ou de *A queda* ou de *La modification* [A modificação] (ou ainda aqueles de discursos de prefácios e de "discursos de escolta" de todo tipo). Na verdade, é sobretudo a noção de *narratário* que chamou a atenção, nessa perspectiva. Gerald Prince, Gérard Genette, que aliás não têm a mesma concepção, designam com esse termo, *grosso modo*, uma "função" particular da narrativa, que Jean Rousset define sobriamente como "todo destinatário inscrito em um texto". Só falta um passo para transformá-lo no simétrico do narrador – passo que não deve ser dado: o narrador, quaisquer que sejam as mediações interpostas, remete indiretamente ao escritor real; as próprias acrobacias narrativas dos *Falsos moedeiros* o destacariam mais do que o esconderiam. Esse "narratário", por sua vez, não tem referente fixo distinto. Ele propõe certamente um tipo de descanso para o leitor, proposição de identificação entre outras – mas isso vale para todos os leitores e não prejulga em nada a individualidade de cada um deles.

Concebe-se, portanto, que, por mais úteis que essas noções possam se revelar, elas ficaram incontestavelmente velhas. Ceder a essas duas tentações é fazer do leitor um fantasma, que nenhuma evocação e nenhum ritual farão aceder à vida. (Picard, 1986, p.146-8)

3
Como se lê?

A interação texto-leitor

A insuficiência textual

Saber como se lê é determinar a parte respectiva do texto e do leitor na concretização do sentido. A leitura, de fato, longe de ser uma recepção passiva, apresenta-se como uma interação produtiva entre o texto e o leitor. A obra precisa, em sua constituição, da participação do destinatário. Um universo textual, como nota Eco (1985), é, por definição, sempre inacabado: "Não somente é impossível estabelecer um mundo alternativo completo, mas é também impossível descrever o mundo real como completo" (p.171-2). Um romance nem tem como propor um universo inteiramente diferente daquele no qual vivemos (as dimensões do livro não o permitiriam), nem tem a possibilidade de dizer tudo a respeito do mundo no qual vivemos (onde, então, parar a descrição?).

Basta, para se convencer dessa dupla impossibilidade, pensar nos indivíduos do universo narrativo.

O texto não pode construir personagens absolutamente diferentes daquelas que o indivíduo coteja na vida cotidiana. Mesmo as mais fantásticas criaturas dos romances de ficção científica conservam, entre uns atributos mais ou menos insólitos, propriedades diretamente emprestadas dos indivíduos do mundo "real". Pensemos nos marcianos de *A guerra dos mundos*, de H. G. Wells (1950), que, no final, são apenas humanos deformados:

> Aqueles que nunca viram marcianos vivos dificilmente podem imaginar o estranho horror de seu aspecto, sua boca singular em forma de V e o lábio superior pontudo, a falta de testa, a ausência de queixo abaixo do lábio inferior de canto, o movimento incessante dessa boca, o grupo gorgonáceo dos tentáculos, a respiração tumultuosa dos pulmões numa atmosfera diferente, seus movimentos pesados e difíceis, por causa da energia maior do peso sobre a terra e, acima de tudo, a extraordinária intensidade de seus olhos enormes. (p.31)

Um ser alternativo completo é, ao pé da letra, inassimilável pelo leitor.

Do mesmo modo, descrever como completa uma personagem tirada do mundo "real" (em outros termos, uma personagem histórica) não faz sentido. Supondo que seja possível fazer um retrato físico e moral exato, ainda seria preciso explicar suas relações com os outros elementos do mundo em um processo de *mise en abîme*, propriamente falando, ilimitado. Marat, Danton e Robespierre são muito mais do que Victor Hugo diz sobre eles em *Noventa e três*. Como personagens históricas, extraem sua consistência, em primeiro lugar, da cultura de cada leitor. O romance, não podendo defini-los sozinho, se apoia no saber "histórico" de seu público.

O texto, estruturalmente incompleto, não pode abrir mão da contribuição do leitor.

A recepção como remate

Esquematicamente, pode-se dizer que o leitor é levado a completar o texto em quatro esferas essenciais: a verossimilhança, a sequência das ações, a lógica simbólica e a significação geral da obra. Observemos esses pontos um por um.

Como as personagens, o espaço e a situação não podem ser descritos inteiramente, o leitor completará a narrativa na sua imaginação segundo aquilo que lhe parecer verossímil. Eis como Flaubert (1969) nos apresenta fisicamente Frédéric Moreau no início de *A educação sentimental*:

> Um moço de dezoito anos, com cabelos compridos e que segurava um livro debaixo do braço, permanecia perto do leme, imóvel. (p.37)

É o único detalhe que, durante o primeiro capítulo, nos é fornecido sobre o aspecto físico da personagem (o texto dá sequência a seu retrato biográfico e psicológico). São, portanto, os leitores que devem imaginar qual pode ser, de acordo com a verossimilhança, a aparência desse "moço de dezoito anos". Para a maioria, ele parecerá esbelto e esperto. O quadro histórico da narrativa permite, aliás, supor que Frédéric está vestido com luxo (ele estudou e viaja de navio). A cor dos "cabelos compridos" é deixada por conta de cada um até uma eventual precisão do texto. Enfim, deduz-se da postura da personagem (imóvel), de sua atitude (segura um álbum debaixo do braço), que ela tem uma expressão tranquila, até mesmo um pouco tímida.

Da mesma forma, se a narrativa em geral omitir a descrição dos gestos menores, o leitor reconstituirá por si próprio o desenvolvimento dos eventos se fundamentando na lógica das ações. A narração de um cumprimento, por exemplo, pode muito bem omitir um dos três momentos que o organizam ("estender a mão", "apertá-la", "despedir-se"); basta que o texto mencione uma das fases para que o leitor adivinhe espontaneamente as duas outras. A narrativa pode também solicitar a cooperação do leitor para sequências de eventos mais complexos e de duração mais importante. Em *Aberto à noite*, de Paul Morand, o narrador conta o relato da corrida ciclista dos Seis Dias no velódromo de inverno; seu amigo Petitmathieu participa dela:

> Petitmathieu estava na bicicleta; me viu e me deu um sorriso amigável com a pálpebra esquerda; houve uma tentativa de escape perto do quilômetro 3.421, na centésima trigésima primeira hora. As balaustradas rangeram com o empurrão dos populares surpreendidos durante o jantar, de boca cheia.

A elipse que separa o "sorriso amigável" de Petitmathieu (que acontece no início da corrida) da "tentativa de escape" cobre aqui 131 horas, isto é, quase a totalidade dos seis dias da prova. Se o leitor tem, apesar disso, a impressão de não perder nada da corrida, é porque a lógica das ações lhe permite reconstituir a sequência dos acontecimentos.

Uma obra, contudo, frequentemente diz outra coisa que parece dizer: o destinatário deve decifrar sua linguagem simbólica. É preciso, para isso, que leve em consideração os processos de deslocamento metafóricos e metonímicos. Roland Barthes, leitor de Balzac, repara assim que em *Sarrasine* o fim da economia tradicional sob os assaltos de uma nova classe especuladora está expresso, metonimicamente, pela ruína generalizada de todos os grandes modelos de troca:

> Não é mais possível, então, opor regularmente um contrário a um contrário, um sexo a outro, um bem a outro; não é mais possível salvar uma ordem da justa equivalência; em uma palavra, não é mais possível *representar*, dar às coisas *representantes*, individuados, separados, distribuídos: *Sarrasine* representa o próprio problema da representação, a circulação desregrada (pandêmica) de signos, dos sexos, das fortunas. (Barthes, 1970c, p.221-2)

A leitura

Apenas uma leitura atenta pode levantar essa série de equivalências simbólicas e seu valor na narrativa.

Enfim, o leitor deve destacar a significação geral que o autor quis dar à obra. Para isso, ele deve não somente levar em conta as intervenções explícitas do narrador, mas também a construção global do texto. Ao se fundamentar nas oposições binárias que subentendem a narrativa de Huysmans, o leitor de *Além, abaixo* pode destacar uma das significações essenciais do romance: a exaltação mística de um absoluto artístico e literário como exutório para um mundo materialista e sem saída. O primeiro capítulo, de fato, opõe explicitamente o realismo ao romantismo:

> Durtal não via, fora do naturalismo, um romance que fosse possível, a não ser voltando para as besteiras explosíveis dos românticos. (Huysmans, 1978, p.35)

o corpo à alma:

> Nessa tela, revelava-se a obra-prima da arte encurralada, intimada para transmitir o invisível e o tangível, para manifestar a imundice em prantos do corpo, para sublimar o desespero infinito da alma. (p.40)

e o materialismo ao sobrenatural:

> Ele não acreditava nisso e entretanto admitia o sobrenatural, pois, nessa terra, como negar o mistério que surge, em nossa casa, do nosso lado, na rua, em todo lugar, quando se pensa nisso? (p.42)

É essa série de oposições que permite ao leitor entender o projeto literário de Huysmans: transcender os extremos – ou fazê-los se juntar – propondo um novo tipo de escrita: o "realismo sobrenatural". O texto, em geral, contenta-se em dar indícios; é ao leitor que cabe construir o sentido global da obra.

O certo e o incerto

Se o leitor está ao mesmo tempo "orientado" e "livre" no decorrer da leitura, é porque a recepção de um texto se organiza em torno de dois polos que podemos chamar, com M. Otten (1982), de "espaços de certeza" e "espaços de incerteza". Os "espaços de certeza" são os pontos de ancoragem da leitura, as passagens mais explícitas de um texto, aquelas a partir das quais se entrevê o sentido global. Os "espaços de incerteza" remetem para todas as passagens obscuras ou ambíguas cujo deciframento solicita a participação do leitor.

A terminologia de Hamon (1979), que prefere falar do "legível" e do "ilegível", talvez seja mais expressiva. O legível, para Hamon, repousa antes de mais nada nas regras textuais e narrativas depreendidas pelo estruturalismo e pela semiologia. Diante de um texto opaco, muitas vezes é rentável – como o estruturalismo nos ensinou – fundamentar a leitura nas relações de semelhança, de diferença, de ordenação, de distribuição e de hierarquia entre as sequências. A semiologia, por sua vez, nos permite apreender o texto como um sistema ao mesmo tempo fechado e aberto, manipulando unidades de diferentes níveis, e regido por uma macroestrutura narrativa. Hamon propõe assim uma leitura lúcida de "Conto", um poema das *Iluminações* especialmente enigmático. Pondo em evidência, por um lado, os fatores da ilegibilidade, por outro, os da legibilidade, mostra como o texto de Rimbaud constrói e desconstrói seu programa de leitura para se constituir em objeto específico. Ler, portanto, é levar em conta as normas de todo tipo que determinam um texto e fazer jogar entre si as unidades de superfície que constroem seu sentido.

Além das diferenças terminológicas, Hamon e Otten – e é isso o importante – concordam em distinguir duas dimensões na leitura: uma programada pelo texto, a outra dependendo do leitor.

O texto como programação

O contrato de leitura

Antes de mais nada, é propondo a seu leitor um certo número de convenções que o texto programa sua recepção. É o famoso "pacto de leitura".

Num nível muito geral, a obra define seu modo de leitura pela sua inscrição num gênero e seu lugar na instituição literária.

O gênero remete para convenções tácitas que orientam a expectativa do público. Se o leitor aceita sem problema ver mortos ressuscitarem em uma narrativa fantástica, ele se chocará com o mesmo acontecimento num romance policial. Da mesma forma, não aceitará encontrar, na leitura de um romance histórico, contradições flagrantes com a História oficial.

Diante de uma obra confusa ou desconcertante, ao se apoiar na caução fornecida pela instituição literária, o leitor acreditará no texto e tentará encontrar uma pertinência naquilo que, *a priori*, lhe causa problema. É assim que se aceitará como "literárias" – e portanto legítimas – as opacidades de certas páginas de Joyce ou Faulkner, ou, em outro estilo, as narrativas sem intriga do Novo Romance.

Mais precisamente, o pacto de leitura se completa em dois espaços privilegiados: o *incipit*, e o que Genette chama de "peritexto".

O peritexto (cf. Genette, 1987) remete para os prefácios, introduções e avisos de todo tipo, que têm como função orientar a leitura. Basta pensar no famoso prólogo de *Gargântua* no qual Rabelais convida seu leitor a ultrapassar o sentido superficial para um sentido mais profundo (ao mesmo tempo acrescentando, maliciosamente, que esse "sentido maior" com certeza não foi percebido pelo autor). Mais precisamente, as introduções têm um objetivo duplo: explicar por que e como se deve ler. Assim, Sade, na introdução à *Nova Justine*, esforça-se não somente em valorizar seu sujeito (insistindo na sua veracidade), mas também em expor claramente suas intenções a fim de prevenir qualquer erro de leitura:

> Certamente é terrível ter que pintar, por um lado, as infelicidades apavorantes com as quais o céu oprime a mulher suave e sensível que respeita melhor a virtude; por outro, a influência das prosperidades sobre os que atormentam e mortificam essa mesma mulher. Mas o homem de letras, bastante filósofo para dizer o *verdadeiro*, vence esses problemas; e, cruel por necessidade, arranca sem piedade com uma mão os supersticiosos enfeites com os quais a besteira torna a virtude bonita, e mostra descaradamente com a outra mão, ao homem ignorante que se enganava, o vício no meio dos charmes e dos prazeres que o cercam e o perseguem sem parar. (Sade, 1978, p.26)

A estratégia prefacial pode, para atingir seu objetivo, seguir caminhos mais tortuosos. Montaigne, em seu "aviso ao leitor", curiosamente faz questão de desvalorizar seu tema e desencorajar a leitura:

> Assim, leitor, sou eu próprio a matéria de meu livro: você não tem nenhuma razão para gastar seu tempo livre com um assunto tão fútil e vão.

Na verdade, atrás da subversão aparente, esse aviso preenche bem as duas funções canônicas do prefácio: Montaigne, mesmo se o faz de um modo um pouco complicado, não apenas valoriza seu assunto (insiste na sua autenticidade), como também se preocupa em guiar a leitura (sua intenção, nos sugere ele, é criar um novo gênero: o texto íntimo e pessoal).

Se o pacto de leitura está explicitamente definido no peritexto, está amarrado de modo mais implícito nos *incipit*. As primeiras linhas de um texto orientam a recepção de modo decisivo. O famoso "era uma vez" que inaugura os contos age assim como uma "embreagem de ficcionalidade": assinala uma entrada no mundo dos contos de fadas. De maneira mais geral, a simples referência do tempo passado, introduzindo um hiato entre os acontecimentos narrados e o próprio ato de contar, nos indica que estamos na ordem da narrativa. Mas o *incipit*, na maioria das vezes, tem como função circunscrever um quadro de leitura. Vejamos a primeira frase de *Germinal*:

> No campo deserto, numa noite sem estrelas, de uma escuridão negra, da cor de tinta, um homem seguia sozinho a estrada de Marchiennes para Montsou, dez quilômetros de paralelepípedos cortando reto, através dos campos de beterrabas.

O leitor é introduzido de uma só vez em um universo realista. Assiste a uma cena banal: um homem caminhando numa estrada, numa paisagem interiorana. As duas localidades (Marchiennes, Montsou), mesmo se elas já evocam, discretamente, os dois maiores temas da ira e do dinheiro, têm nomes verossímeis e que lembram o campo. Essa impressão de estar em contato com o mundo real está reforçada pelo início *in medias res*: a narrativa, abrindo-se com uma ação em curso, sugere que essa ação começou antes do início do texto: é o universo romanesco inteiro que, desse modo, encontra-se autenticado. O *topos* do desconhecido, dissimulando a figura do narrador (que parece não saber mais do que nós sobre esse homem solitário que anda no campo), torna natural a entrada na ficção. Acrescentamos que os motivos da escuridão ("a noite sem estrelas") e do desnudamento ("o campo deserto") anunciam dois dos grandes eixos semânticos que vão estruturar o romance. O *incipit* informa, portanto, ao mesmo tempo, o tipo de narrativa de que se trata, o modo como deve ser lida e o que vamos encontrar nela.

Enfim, ao longo do texto inteiro, o pacto de leitura está determinado pela submissão da obra a certo número de normas, mais ou menos evidentes, que vão codificar a recepção. Todo texto, de fato, inscreve-se numa linguagem, uma poética e um estilo, que são, para o leitor, sinais em seu trabalho de deciframento. Um conto de Voltaire não suscitará a mesma expectativa que um romance de espionagem. Nos dois casos, o vocabulário, a estrutura de conjunto, a escolha dos ritmos e das imagens obedecerão a princípios profundamente diferentes. Não se esperará das duas obras nem o mesmo efeito nem o mesmo prazer.

Os pontos de ancoragem

Orientado pelo contrato de leitura, o leitor, como vimos, constrói sua recepção apoiando-se nos espaços de certeza fornecidos pelo texto. Esses pontos de ancoragem delimitam a leitura e a impedem de se perder em qualquer direção.

Além dos títulos e da menção do gênero (que dizem respeito ao que se chamou de peritexto), podem-se destacar em todo texto canais semânticos que estruturam a leitura. As unidades que os compõem podem ser ligadas por relações de semelhança (várias palavras remetendo para o mesmo tema), de oposição (o sentido se organizando em torno de uma antítese) ou de concatenação (sequências de ações formando um todo).

No poema de Éluard "La courbe de tes yeux" ["A curva de teus olhos"], as principais imagens estão ligadas pela ideia de "circularidade", sugerida ao poeta pelo arco dos olhos da mulher amada. Assim, é possível juntar os termos "curva", "volta", "redondo", "dança", "auréola", "berço", "asas", "barcos" e "ninhada" que evocam uma forma arredondada ou encurvada. Esse campo semântico está associado no poema à ideia de nascimento ("berço", "orvalho", "fonte", "respingos", "ninhada", "alvorada") e à de natureza ("folhas", "musgo", "taboas", "vento", "asas", "céu", "mar", "palha", "astros"). Essas relações de semelhança permitem estruturar a leitura: elas mostram como o motivo da circularidade, suscitado pela curva dos olhos, torna-se a metáfora de um renascimento de dimensões cósmicas. Esse renascimento simbólico é o do poeta que, graças ao olhar daquela que ama, pode comungar com o Universo.

No soneto de Verlaine, "Monsieur Prudhomme", é em torno da antítese entre a figura do burguês e a do poeta que se organizam as unidades semânticas. Ao "sério" Monsieur Prudhomme, "prefeito e pai de família", que veste um "colarinho postiço" e "pantufas", opõem-se os "criadores de versos", "sem-vergonha", "tratantes", "preguiçosos", "barbudos" e "despenteados". Essa estrutura antitética global suscita incessantes jogos de vaivém entre os diferentes elementos do poema. Assim, o verso 4 ("E a primavera em flores nas suas pantufas brilha"), que evoca uma careta da natureza para a ordem burguesa, se opõe ao verso 14 ("E a primavera em flores brilha nas suas pantufas"), que parece sugerir que o conformismo venceu. Baseando-se nessas oposições, o leitor, progressivamente, constrói o sentido do texto.

Ao ler uma narrativa, é juntando as ações esparsas em sequências lógicas que o leitor vai poder se orientar no universo narrativo. É porque os acontecimentos, num romance, são ligados por relações de complementaridade ou de consequência que o leitor dispõe de lugares de ancoragem para sua leitura. Segundo Barthes (1977):

> A compra de um revólver tem como correlato o momento em que será usado (e se não é usado, a anotação é devolvida como sinal de veleidade etc.), tirar o fone do gancho tem como correlato o momento em que será recolocado; a intrusão do papagaio na casa de Félicité tem como correlato o episódio do empalhamento, da adoração etc. (p.30)

As relações de semelhança, de oposição ou de concatenação entre as unidades de um texto são, portanto, para o leitor, os pontos de apoio mais evidentes. Mas a lista, claro, está longe de ser exaustiva.

Os espaços de indeterminação

O texto pode também programar a leitura delimitando os espaços de indeterminação, isto é, decidindo quais elementos deixar para a criatividade do leitor. Iser fala, a esse respeito, de "vazio" e de "negação".

A ausência deliberada de uma anotação (um "vazio", na terminologia de Iser) é de fato um meio eficiente de programar a cooperação do leitor. No fim de *Os possessos*, Dostoiévski nos propõe um episódio crucial durante o qual o herói, Stavroguine, perseguido pela lembrança de uma cena odiosa, se confessa ao bispo Tikhone. A confissão está escrita numa série de folhetos que Tikhone lê em voz alta. O bispo, depois de ter lido uma passagem na qual uma menina, sozinha com Stavroguine, lhe dá um beijo apaixonado, pára. Percebe que lhe falta o segundo folheto no qual está escrito a sequência da história. Como ele fica surpreso, Stavroguine diz:

> "Sim, é o terceiro; no que diz respeito ao segundo... O segundo está censurado por enquanto", respondeu rapidamente Stavroguine sorrindo sem jeito. Estava sentado num canto do sofá, e febril, imóvel, não parava de olhar Tikhone. (Dostoiévski 1955, t.II, p.453)

Desse segundo folheto, o leitor nunca terá conhecimento. A narrativa prossegue com a leitura do terceiro folheto, com o qual se fica sabendo que, no dia seguinte à cena ocultada, a menina vê, com terror, Stavroguine voltar. Pouco tempo depois, escolhe se enforcar. A chave dessa sequência trágica de acontecimentos está, evidentemente, nas confissões do segundo folheto cuja ausência, explicitamente notada por Stavroguine, constitui um "vazio" narrativo. O leitor deverá usar sua imaginação. Obrigando dessa forma o destinatário a investir posições textuais precisas, o texto controla sua atividade.

Por "negação", Iser designa o questionamento de certos elementos vindos do mundo externo que, pela sua presença no texto, são de certa forma "ficcionalizados". Assim, quando Mauriac, em *O nó de víboras*, defende o fundamento da fé católica, contribui, sem querer, para fragilizar um pouco mais a norma religiosa. Transpondo o catolicismo no plano romanesco, transforma-o ao mesmo tempo num elemento de ficção. A fé aparece no decorrer do romance como uma mola narrativa que determina o destino das personagens principais: Louis, o herói, converte-se na véspera de sua morte, depois de uma vida de avareza e de egoísmo; Marie, sua filha, por meio de uma doença e de uma morte prematura, redime os pecados de seu pai; Isa, sua mulher, continua, além das barreiras do rancor e do silêncio, a dedicar a seu marido um amor profundo. A negação do catolicismo (proveniente de sua descontextualização, de sua "extração" do mundo real) obriga o leitor cristão a reavaliar o que, na vida cotidiana, lhe parecia evidente.

Uma noção-chave: a isotopia

O conceito de "isotopia" foi proposto por A. J. Greimas: há isotopia quando os signos textuais remetem para um mesmo lugar. Levantar isotopias, portanto, é identificar as continuidades semânticas que tornam o texto lido um conjunto coerente. Nesse sentido, pode-se dizer, com M. Arrivé (1975), que "ler um texto é identificar a(s) isotopia(s) que o percorre(m) e seguir de perto o (dis)curso dessas isotopias". Quanto mais o texto é redundante (quer dizer, repetitivo na informação que transmite), mais fácil é a construção da isotopia. Assim, as narrativas naturalistas, baseadas em certa homogeneidade, são mais fáceis de decifrar que os poemas surrealistas.

Examinemos, desse ponto de vista, as duas primeiras frases de *Pot-Bouille*:

> Rua Neuve-Saint-Augustin, uma concentração de carros parou a carruagem carregada com três malas, que trazia Octave da estação ferroviária de Lyon. O moço abaixou o vidro de uma porta, apesar do frio já intenso dessa sombria tarde de novembro.

Pode-se destacar nessa passagem curta várias continuidades semânticas que fazem dela um conjunto perfeitamente coerente. A volta da estação ferroviária justifica a viagem de "carruagem" em Paris, as "três malas" na carruagem, e a "concentração de carros" em um bairro logicamente muito frequentado. As menções da "estação ferroviária de Lyon" e da "Rua Neuve-Saint-Augustin", próximas, não surpreendem em nada nesse contexto. O "vidro" e a "porta", elementos da carruagem anteriormente citada, inscrevem-se perfeitamente nessa cena de abertura. O vidro aberto, o "frio", a escuridão e a "tarde de novembro" associam-se naturalmente para suscitar a ideia de um outono um pouco triste. Trata-se de fato de uma narração sem surpresa na qual os diferentes elementos se confirmam mutuamente para tornar o texto perfeitamente legível.

Ao contrário, no verso famoso de Éluard "A terra é azul como uma laranja", a ausência de redundância isotópica (qual a relação entre o azul e a cor da laranja?) cria um efeito irrecusável de estranheza.

Se a isotopia, como fenômeno semântico, é fornecida pelo texto, ela só pode ser percebida, entretanto, graças às hipóteses interpretativas do leitor. Quando no último verso de "Salut", Mallarmé evoca "a preocupação branca de nossa *toile*", a palavra "*toile*" pode depender ou da isotopia "banquete" (entrando em relação com as palavras "travessa", "amigos", "bebedeira"), ou da isotopia "navegação" (remetendo para os signos "espuma", "afoga-se", "sirenas"), ou da isotopia "escrita" (ligando-se então à sequência "verso", "virgem", "solidão"). O significante *toile* designará, assim, segundo a isotopia retida, os significados "toalha", "vela" ou "página" (ver a análise que F. Rastier faz do poema em *Sens et textualité* [*Sentido e textualidade*], 1989). O texto, como se vê, pode apenas programar a leitura: é o leitor que deve concretizá-la.

O papel do leitor

Os reflexos do leitor: antecipação e simplificação

A antecipação e a simplificação são os dois reflexos básicos da leitura. Explicam-se por esse princípio essencial da troca linguística depreendido por H. C. Grice: o destinatário, para entender um enunciado, precisa reconhecer nele uma intenção. Dessa forma, assim que abriu o livro, o leitor constrói uma hipótese sobre o teor global do texto: de antemão, ele antecipa – e portanto simplifica – o conteúdo narrativo.

Segundo Eco (1985), ao levantar hipóteses sobre o "tópico" textual, o leitor antecipa a sequência da narrativa:

> O tópico é uma hipótese que depende da iniciativa do leitor, o qual a formula de uma maneira um pouco rudimentar, na forma de pergunta ("Mas do que se está falando?") que se traduz pela proposição de um título provisório ("provavelmente, estamos falando de tal coisa"). (p.119).

No poema de Mallarmé anteriormente citado, o leitor, depois de conhecer o título, pode formular três tópicos diferentes conforme o que lê em "Salut": "brinde feito durante um banquete", "salvamento" ou "salvação". É a redundância isotópica que, na sequência do poema, lhe permitirá decidir por uma ou outra hipótese ou, eventualmente, aceitá-las todas.

Por meio do reflexo de simplificação, o que está em jogo é a necessidade de entender inerente à leitura. O leitor, que para ler deve saber onde está indo, é constantemente levado a simplificar:

> Se o autor tende a aumentar o número de sistemas codificados e a tornar mais complexa sua estrutura, o leitor está propenso a reduzi-los a um mínimo suficiente segundo ele. A tendência para tornar complexo o caráter é uma tendência do autor, a estrutura contrastada em preto e branco, é uma tendência do leitor. (Lotman, 1973, p.406)

Quando seu saber não lhe permite destacar a pertinência do texto, o leitor vai apelar para uma interpretação simbólica. Se *Ulisses*, de Joyce, permite esperar, com seu título, uma lembrança da *Odisseia*, percebe-se rapidamente que o quadro espaçotemporal do romance é totalmente incompatível com os dados do relato de Homero. Para encontrar a pertinência do texto, o leitor deverá portanto interpretar simbolicamente – como uma nova odisseia moderna – as peregrinações de Bloom em Dublin.

A leitura como previsão

Por causa do reflexo de antecipação, a leitura apresenta-se como um teste, pelo texto, das capacidades de previsão do leitor. Se certos gêneros, como o romance policial, estão totalmente fundamentados nesse princípio, até mesmo as obras consideradas mais "literárias" não podem deixar de lançar mão dele: "O leitor modelo deve colaborar para o desenvolvimento da fábula antecipando os estágios sucessivos. A antecipação do leitor constitui uma porção de fábula que *deveria* corresponder àquela que vai ler. Uma vez que terá lido, perceberá se o texto confirmou ou não sua previsão" (Eco, 1985, p.148). O texto, com felicidade qualificado por Eco de "máquina preguiçosa", necessita das previsões do leitor para funcionar. Depende dessa condição para poder confortá-lo, surpreendê-lo ou, simplesmente, interessá-lo.

A leitura, retomando os termos de W. Iser, é, portanto, uma dialética entre *protensão* (espera do que vai acontecer) e *retenção* (memória daquilo que aconteceu). A atividade de previsão apresenta-se do seguinte modo: existe antecipação do leitor, depois validação ou invalidação pelo texto das hipóteses emitidas. Nesse último caso, existe retroação, isto é, reformulação pelo leitor daquilo que ele havia anteriormente estabelecido. Usando uma terminologia diferente, Jean-Michel Adam (1985) nota que, na leitura, "o processo cognitivo é um vaivém do *antecedente* para o *consequente* previsto e do *consequente* para o *antecedente* reconstruído" (p.29). Isso é verdadeiro tanto para as menores sequências de ações como para os grandes episódios da narrativa. Quando, em *A ilha misteriosa*, Cyrus Smith cai do balão em pleno mar, a consequência que naturalmente se pensa é que ele morreu.

Mas quando, um pouco mais adiante, o narrador nos mostra a personagem deitada na praia, viva, exige que reconstruamos o antecedente: Cyrus Smith, contrariamente ao que parecia lógico, não está morto; portanto, ele recebeu necessariamente uma ajuda. O processo pode ter, sobre a leitura, consequências mais fundamentais. Assim, quando o inspetor Javert (apresentado até então como um policial insensível e seguro de seus princípios), em *Os miseráveis*, deixa, contrariando toda expectativa, Jean Valjean ir embora, o leitor é levado a reavaliar a personagem (reavaliação que, claro, traz outras, concernente a espaços tão vastos quanto a psicologia humana e a visão social).

Esse trabalho de previsão, portanto, é tudo menos superficial. Obrigando o leitor a requestionar suas interpretações, está na origem dessa "redescoberta de si", que é um dos efeitos essenciais da leitura e que se analisará ulteriormente.

A *performance* do leitor

O leitor constrói sua recepção decifrando um após outro os diferentes níveis do texto. Segundo Eco (1985), o leitor parte das estruturas mais simples para chegar às mais complexas: dessa forma atualiza sucessivamente as estruturas "discursivas", "narrativas", "actanciais" e "ideológicas".

A atualização das estruturas discursivas corresponde à fase de explicitação semântica. Em seu deciframento das palavras, o leitor só retém as propriedades necessárias para a compreensão do texto (em outros termos, as implicadas pelo tópico). De fato, lhe é impossível reunir para cada signo o conjunto das significações arroladas pelo dicionário. No verso de Verlaine "a lua branca reluz sobre os telhados", a palavra "lua" não precisa ser relacionada com sua definição astronômica de "satélite da Terra que recebe sua luz do Sol": aqui, é sua única realidade de astro noturno que – pelas suas conotações de melancolia e de suavidade – pede para ser levada em conta.

O leitor reúne, depois as estruturas discursivas, numa série de macroproposições que lhe permitem destacar as grandes linhas da intriga. Essas estruturas narrativas lhe permitem refletir sobre o conjunto depois da leitura de várias páginas, de um capítulo ou de uma cena longa. Depois de ter lido o início de *Germinal*, podem-se destacar as estruturas narrativas seguintes: um operário solitário, Étienne Lantier, acaba de encontrar um emprego numa mina; integra-se rapidamente numa família de mineiros – os Maheu; pouco a pouco toma consciência de que, no mundo da mina, as relações sociais estão congeladas... As estruturas narrativas constituem, como se vê, o vigamento da narrativa: são elas que serão retidas para um resumo da intriga.

Passando para um nível de abstração suplementar, o leitor integra, assim que pode, as macroproposições narrativas no esquema actancial. Sabe-se de fato que é possível encontrar em toda narrativa os seis papéis actanciais descobertos por Greimas: sujeito/objeto, emissor/destinatário, oponente/adjuvante. Assim, em *Os três mosqueteiros*, D'Artagnan (o sujeito) é mandado pelo seu pai (o emissor) até Tréville (o destinatário) para adquirir o título de mosqueteiro (o objeto). Conseguirá o que quer eliminando Rochefort, Milady e Richelieu (os oponentes), com a ajuda de Athos, Porthos e Aramis (os adjuvantes). O esquema actancial encontra-se também nos romances da subjetividade, pouco narrativos por essência. Se se admitir que *Em busca do tempo perdido* é uma procura cujo objeto é a criação artística, Marcel se apresenta imediatamente como o sujeito-destinatário. O grupo dos emissores inclui os autores cujos livros suscitaram a vocação literária do herói, tais como Georges Sand e Mme. de Sévigné. Os oponentes são os artistas estéreis, Swann e Charlus, que nunca puderam se decidir a sacrificar a vida pela arte. Do lado dos adjuvantes, encontram-se os criadores realizados, tais como Elstir e Vinteuil. Marcel, ele próprio, se tornará artista, quando tiver entendido que os primeiros encarnam o maior perigo, e os segundos, o modelo a seguir.

A leitura

Enfim, é descobrindo uma forte marca axiológica no esquema actancial que o leitor poderá destacar as estruturas ideológicas do texto. Se retomarmos o exemplo de *Em Busca...*, parece claro que a oposição entre Swann/Charlus, de um lado, e Elstir/Vinteuil, do outro, ilustra, para o narrador, uma oposição mais profunda entre valores negativos e valores positivos. Assim, depreende-se da soma proustiana uma ideologia da arte como valor absoluto que exige do artista um sacrifício total.

A competência do leitor

Se o leitor pode realizar uma *performance* (atualizar os diferentes níveis de um texto), é porque dispõe de uma *competência*. Segundo Eco, a competência do leitor compreende, pelo menos idealmente, o conhecimento de um "dicionário de base" e "regras de correferência", a capacidade de detectar as "seleções contextuais e circunstanciais", a capacidade de interpretar o "hipercódigo retórico e estilístico", uma familiaridade com os "cenários comuns e intertextuais" e, enfim, uma visão ideológica.

O conhecimento do dicionário permite determinar o conteúdo semântico elementar dos signos. Sem um domínio mínimo do código linguístico, é de fato impossível decifrar um texto. Quando se lê no primeiro capítulo de *Doutor Pascal*, a frase: "Em pé na frente do armário, diante das janelas, o Doutor Pascal procurava um bilhete, que aí tinha vindo buscar", é preciso ser capaz de destacar imediatamente os significados básicos da palavra "doutor" – notadamente, "sábio" e "médico" – com o risco de perder rapidamente o fio de um romance construído sobre a oposição entre a ciência e a fé.

As regras de correferência servem para entender corretamente as expressões dêiticas (que remetem para a situação de enunciação) e anafóricas (que designam um elemento anterior). O leitor, para não se afogar no texto, deve ser capaz de identificar a personagem eventualmente retomada por um "ele" ou um "ela". Assim, quando, prosseguindo a leitura do texto de Zola, defrontamos com a frase: "Cheio de paciência, ele vasculhava, e deu um sorriso, quando enfim encontrou", é preciso, para entendermos a coerência e a continuidade da ação, saber reconhecer o doutor Pascal por trás do pronome pessoal na terceira pessoa.

A identificação das seleções contextuais e circunstanciais permite interpretar as expressões em razão do contexto onde se encontram. A palavra "rosa", por exemplo, não terá a mesma significação num soneto de Ronsard e num poema de Aragon. Examinemos a primeira quadra de um soneto célebre de "Amours" ["Amores"]:

> Amo a flor de março, amo a bonita rosa,
> Aquela que é dedicada a Vênus a deusa,
> A outra que possui o nome de minha bela amante,
> Para quem perturbado de espírito em paz não descanso.[1]

A rosa deve ser aqui entendida como o emblema de Vênus e a testemunha de uma natureza fresca e luminosa: serve, em primeiro lugar, pela alusão mitológica e do quadro campestre, para evocar o Amor. Muito diferente é o contexto do poema de Aragon "La rose et le réséda" ["A rosa e o resedá"]. Escrito em homenagem à Resistência, o texto transforma a rosa, em face do resedá, símbolo de "aquele que acreditava no céu", o emblema de "aquele que não acreditava". O cristão conservador e o ateu progressista, unidos na fraternidade da luta contra o invasor, são celebrados pelo poeta por meio da metáfora de uma natureza ressuscitada:

> Aquele que acreditava no céu
> Aquele que não acreditava

---

1 No original: *J'aime la fleur de mars, j'aime la belle rose,/ L'une qui est sacrée à Vénus la déesse,/ L'autre qui a le nom de ma belle maîtresse,/ Pour qui troublé d'espirit en paix je ne response".*

A leitura

> Um corre e o outro tem asas
> Da Bretanha ou do Jura
> E framboesa ou ameixa
> O grilo cantará novamente
> Fale flauta ou violoncelo
> O duplo amor que queimou
> A cotovia e a andorinha
> A rosa e o resedá.[2]

Vê-se a que ponto as significações da palavra "rosa" são, toda vez, dependentes do contexto de enunciação. O leitor deve ser capaz de identificar essas variações situacionais se quiser evitar os erros de interpretação.

O conhecimento do hipercódigo retórico e estilístico torna possível a compreensão de certas formas, mais ou menos estereotipadas, legadas pela história literária. Falou-se anteriormente da fórmula inaugural dos contos para crianças: "Considerando uma expressão como /Era uma vez/, [o leitor] será logo capaz de estabelecer, automaticamente e sem esforços inferenciais, que (I) os acontecimentos dos quais está-se falando situam-se numa época não histórica indefinida; (II) que não devem ser entendidos como 'reais'; (III) que o emissor quer contar uma história imaginária para divertir" (Eco, 1985, p.101). Do mesmo modo, não se surpreenderá quando vir, nas peças de Corneille ou de Racine, domésticas se expressarem em alexandrinos ou uma personagem fazer um longo discurso, sozinha diante do público: trata-se aqui de regras impostas pela tragédia clássica. Do mesmo modo, em outro campo, o conhecimento do hipercódigo retórico faz que, durante a leitura do poema de Baudelaire, "Harmonia da tarde", não seja recebida como uma repetição ociosa a volta

---

2 No original: "Celui qui croyait au ciel/ Celui qui n'y croyait pas/ L'un court et l'autre a des ailes/ De Bretagne ou du Jura/ Et framboise ou mirabelle/ Le grillon rechantera/ Dites flûte ou violoncelle/ Le double amour qui brûla/L'alouette et e'hirondele/ La rose et réséda."

dos mesmos versos a cada estrofe: o princípio fundamental do *pantum*, forma imitada da poesia *malaia*, impõe de fato que o primeiro e o terceiro versos de cada quadra retomem o segundo e o quarto versos da quadra anterior.

A familiaridade com os roteiros comuns e intertextuais permite antecipar a sequência do texto.

Os roteiros comuns são sequências de acontecimentos que se encontram frequentemente na vida cotidiana. Fundamentados na experiência comum, eles são amplamente divididos pelos membros de uma cultura:

> Um saber geral permite a uma pessoa entender e interpretar as ações de outra, simplesmente porque essa outra pessoa é também um ser humano com certas necessidades totalmente normais, vivendo em um mundo onde alguns métodos convencionais são usados para preencher essas necessidades. Assim, quando um indivíduo lhe pede um copo d'água, normalmente você não pergunta por que ele quer isso. E se ele utiliza esse copo de uma maneira não convencional – jogando-o na cara de alguém, por exemplo, para lhe roubar o relógio –, você não tem nenhuma dificuldade para interpretar essa ação. É fácil entender qual era seu plano e por que precisava desse copo d'água. É possível que nunca tenhamos sido testemunhas de tal sequência de ações, mas nosso saber geral a respeito das pessoas e do mundo no qual vivemos nos permite interpretar os acontecimentos aos quais assistimos. (Schank & Abelson, apud Gervais, 1990, p.163-4)

O leitor recorre aos roteiros comuns para tentar entender do que se trata. Quando, no início de *O Processo*, K. vê surgir em sua casa indivíduos estranhos e mandatários, o leitor ativa espontaneamente o roteiro "prisão". Ora, quando um indivíduo desarmado é preso por um grupo numeroso e preparado, ele tem pouca chance de escapar. O roteiro comum "prisão" deixa assim prever, para K., um futuro bastante sombrio.

Os roteiros intertextuais, por sua vez, não são herdados da experiência comum, mas do conhecimento dos textos. Quando lê narrativas pertencentes a um mesmo gênero, o leitor espera logicamente encontrar sequências e ações estereotipadas. O conhecedor de contos de fadas, por exemplo, pode pensar razoavelmente, quando abre um livro, que o herói vai triunfar e se casar coma filha do rei. O narrador, naturalmente, pode contar com a competência intertextual de seu leitor tomando o inverso de uma sequência tradicional. Assim, no *Duelo*, de Tchékov, os dois adversários despedem-se reconciliados e humanamente enriquecidos. De modo geral, entretanto, quanto mais o gênero é definido, mais as leis orientam o desenvolvimento da história. Logo, se se torna difícil conceber um final feliz para Gervaise em *A taberna*, isso se deve tanto às exigências da narrativa quanto ao movimento dramático do texto.

A competência ideológica, enfim, determina a recepção das estruturas axiológicas da obra pelo leitor. Este, com efeito, aborda o texto com seus próprios valores e pode, consequentemente, não aceitar a visão ideológica do narrador. O Alceste de Molière, por exemplo, é frequentemente percebido hoje como um herói da autenticidade, enquanto seu criador via nele primeiramente a figura do "colérico apaixonado". Para o público da época, a personagem positiva do *Misantropo* não era Alceste, fanfarrão inocente da mentira, mas Philinte, consciente que a vida social obriga a tramar. A competência ideológica do leitor pode assim contradizer o projeto do autor.

Textos

O desempenho do leitor: o jogo de complementaridade entre memória de curto prazo e memória de longo prazo

A leitura se apresenta, como vimos, como um aprofundamento progressivo: o leitor atualiza estruturas textuais cada vez mais complexas. Para tentar resolver os problemas de memorização colocados por tal "desempenho", certos pesquisadores chegaram a postular um jogo de complementaridade entre uma memória de curto prazo e uma memória de longo prazo. Assim, segundo Jean-Michel Adam, é o estoque das informações numa memória de longo prazo que permitiria a uma memória de curto prazo aprofundar a compreensão evitando a saturação.

Uma narrativa não é entendida nem memorizada de maneira linear. Os trabalhos de psicologia cognitiva desses últimos anos, centrados nos processos de memorização, de (re)produção, de compreensão dos textos, permitem apresentar certa quantidade de hipóteses. Parece-me que os trabalhos narratológicos estruturalistas e semióticos adquirem uma dimensão nova quando são considerados na perspectiva daquilo que sabemos hoje a respeito das estruturas da representação cognitiva de um texto na memória. A interdisciplinaridade é, ainda aqui, indispensável e seria grave não levar em conta o que os psicolinguistas e outros teóricos da leitura pensam a respeito do modo como percebemos, interpretamos, entendemos, mas também escolhemos e organizamos informações.

Uma estrutura hierárquica subjacente pode ser imaginada: depois de ter interpretado cada frase de uma narrativa como uma construção de proposições, estabelecemos relações (pacotes de microproposições semânticas) e reduzimos espontaneamente uma informação que podemos então estocar na memória. O papel da memória parece fundamental e parece cômodo e operacional distinguir uma *memória de curto prazo* (ou *memória de trabalho*) e uma *memória de longo prazo*. A primeira permite analisar os sons/letras, as palavras e as estruturas sintáticas a fim de lhes atribuir uma representação semântica na forma de proposições. Em razão das capacidades limitadas de retenção dessa primeira memória, a redução da informação na forma de proposições leva a um estoque na memória de longo prazo. Da massa de informações fornecida à memória de trabalho pela estrutura de superfície do texto sobram, naturalmente, apenas alguns elementos. Na narrativa, as proposições suscitadas pelas precedentes ou por uma descrição que não condiciona diretamente a ação, bem como as proposições que descrevem um conhecimento geral serão geralmente "esquecidas" ou poderão ser apagadas. Deixando na memória de longo prazo a informação fornecida pelos signos-subfrases, reduzindo uma frase ou uma série de (sub)frases em proposições, nossa memória de trabalho é liberada; assim o processo de compreensão pode prosseguir sem riscos de saturação. (Adam, 1985, p.64-5)

A leitura como previsão: o modelo do jogo de xadrez

A leitura, em razão do reflexo de antecipação, se apresenta, pelo texto, como um teste das capacidades de previsão do leitor. É recorrendo à analogia clássica do jogo de xadrez que Umberto Eco tenta explicitar esse processo fundamental.

Admitamos que uma narração seja equivalente a um manual de xadrez destinado aos jogadores que querem se aperfeiçoar. O autor, num dado momento, representa na página esquerda o estado S_i do tabuleiro num ponto crucial de um célebre jogo no qual Ivanov ganhou de Smith em duas jogadas sucessivas. Na página da direita, o autor representa o estado S_j (onde j sucede a i) consecutivo à jogada de Smith. Ora, diz o autor, antes de virar a página e de encontrar a representação do estado S_k consecutivo à jogada de Ivanov, tente adivinhar a jogada de Ivanov. O leitor pega uma folha (ou uma ficha incluída no manual) e desenha o que, segundo suas previsões, deveria ser o estado ótimo em S_k, quer dizer, o estado pelo qual Ivanov coloca Smith na situação de *pate*.

O que faz o leitor? Dispõe da forma do tabuleiro, das regras do xadrez e de toda uma série de jogadas clássicas registradas na enciclopédia do jogador de xadrez, de verdadeiros cenários entre partidas, considerados tradicionalmente como os mais frutuosos, mais elegantes, mais econômicos. Esse conjunto (forma do tabuleiro, regras do jogo, cenário do jogo) ... representa um conjunto de possibilidades permitidas pela estrutura da enciclopédia do xadrez. É a partir dessa base que o leitor está prestes a propor sua solução.

Para isso, executa um movimento duplo: por um lado, considera todas as possibilidades objetivamente reconhecíveis como "admitidas" (ele não leva em consideração as jogadas que colocam seu rei em condição de ser imediatamente pego: essas jogadas devem ser consideradas "proibidas"); por outro, ele imagina o que julga a melhor jogada levando em consideração o que sabe da psicologia de Ivanov e das previsões que este deveria ter feito acerca da psicologia de Smith (por exemplo, o leitor pode supor que Ivanov tente um *gambito* ousado porque prevê que Smith cairá na armadilha).

O leitor grava então na sua ficha o que ele julga ser S_k validado pela partida que o autor apresenta como ótima. Depois, vira a página e confronta sua solução com a do manual. De duas coisas, uma: ou ele adivinhou, ou não adivinhou. E, se não adivinhou, o que vai fazer? Jogará (com desapontamento) sua ficha porque ela constitui a representação de um possível estado de coisas que o decorrer da partida (considerada a única boa) não confirmou.

Isso não impede que o estado alternativo que havia previsto possa ser perfeitamente admitido do ponto de vista do jogo de xadrez; era *totalmente possível* e tanto o era que o leitor o *representou efetivamente*. Mas não era o que o autor propunha. Notemos que (I) esse tipo de exercício poderia para cada jogada prolongar-se com uma partida muito comprida, e que (II), para cada jogada, o leitor poderia desenhar não apenas um, mas vários estados possíveis; enfim (III) o autor poderia brincar de representar todos os estados possíveis que Ivanov poderia ter realizado, com todas as respostas de Smith, e assim por diante, abrindo a cada jogada uma série de disjunções múltiplas, ao infinito. Procedimento pouco econômico mas, em princípio, realizável.

Evidentemente, é preciso que o leitor tenha decidido cooperar com o autor; ele deve portanto admitir que o jogo Ivanov-Smith é o único que se realizou efetivamente e também que é o melhor que podia ser realizado. Se o leitor não coopera, mesmo assim ele pode *utilizar* o manual, mas como estímulo da imaginação para conceber seus *próprios* jogos; do mesmo modo, pode-se interromper um romance policial no meio para escrever seu próprio romance, sem se preocupar em saber se o decorrer dos acontecimentos que imaginamos coincide com aquele que o autor valida.

Pode-se, portanto, ter possibilidades objetivas consentidas pela enciclopédia (o sistema) do xadrez. Pode-se, portanto, representar jogadas possíveis as quais, mesmo sendo possíveis apenas em relação à "boa" partida, não são, por isso, menos concretamente representáveis. Assim, o mundo possível prefigurado pelo leitor fundamenta-se ou em condições objetivas do sistema ou em suas próprias especulações subjetivas quanto ao comportamento de outro (em outras palavras, o leitor especula *subjetivamente* sobre o modo com o qual Ivanov reagirá *subjetivamente* às possibilidades oferecidas *objetivamente* pelo sistema).

... Um texto narrativo pode parecer tanto um manual para crianças quanto um manual para jogadores experientes. No primeiro caso, serão propostas situações de partidas bastante evidentes (segundo a enciclopédia do xadrez), para que a criança tenha a satisfação de antecipar previsões coroadas de sucesso; no segundo caso, serão apresentadas situações de partidas nas quais o vencedor tentou uma jogada totalmente inédita que nenhum cenário havia ainda gravado, uma jogada tal que ficará na posteridade pela sua ousadia e sua novidade, de tal forma que o leitor sente o prazer de se ver contrariado. No fim de uma fábula, a criança fica feliz em saber que os protagonistas viveram felizes, exatamente como o havia previsto; no final de *Os relógios,* o leitor de Agatha Christie fica feliz em saber que se enganara totalmente e que o autor fora diabolicamente surpreendente. Para cada fábula seu jogo e o prazer que ela decide dar. (Eco, 1985, p.151-3)

4
O que se lê ?

Os níveis de leitura

Os quatro sentidos da exegese bíblica

Numa obra, sempre se leem várias coisas ao mesmo tempo. Mostramos como essa característica dos textos estava ligada a seus estatutos. A ideia de uma pluralidade dos níveis de sentido parece tão antiga quanto a própria leitura.

Desde a Antiguidade, o ensino, consciente das dificuldades colocadas pela interpretação dos textos, afirma a necessidade de se fundamentar num método de leitura. Suas bases lhe são dadas, em primeiro lugar, pelos sofistas, depois, e sobretudo, pelas obras de Aristóteles, *Retórica* e *Poética*. Efeitos de ritmo, estilo, figuras, convenções genéricas: todos elementos objetivos que permitem construir uma análise do texto e, consequentemente, entender um sentido essencialmente fugaz.

Um novo passo é dado com a filologia alexandrina. A organização do patrimônio literário da Grécia em bibliotecas exige um trabalho crítico importante. O objeto da filologia é não somente estabelecer os textos, mas também analisá-los, interpretá-los e avaliá-los. A abordagem alexandrina, preocupada com a exatidão, tenta assim romper com a tradição do alegorismo herdada dos estoicistas e retomada, na época, pela escola de Pérgamo. A leitura alegórica, buscando o "sentido escondido" da obra, visa destacar a intenção profunda do autor. Os textos homéricos apresentam-se, naturalmente, como um objeto de estudo privilegiado. Além de suas diferenças, os dois métodos – que não tardariam muito em se enriquecer mutuamente – procedem, contudo, de um projeto idêntico: a elaboração de uma grade de leitura que permite esclarecer as múltiplas dimensões da obra literária.

Mas é a exegese bíblica que, ao longo de toda a Idade Média, vai desenvolver um verdadeiro sistema interpretativo, distinguindo, nos textos sagrados, quatro níveis de sentido: "literal" (a história contada), "alegórico" (anúncio do Novo Testamento no Antigo), "tropológico" (conteúdo ético da narrativa) e "anagógico" (valor da mensagem bíblica para o derradeiro final do homem). Esse método de interpretação se estende rapidamente para os textos profanos: a obra literária de Dante, por exemplo, demandará sua aplicação.

Parece assim que, desde a origem, a leitura não pode se satisfazer em achar no texto um sentido muito limitado.

A plurivocidade do texto literário

Existem, pois, vários níveis de leitura na obra literária. Essa realidade, desde então aceita de forma unânime, explica-se em primeiro lugar pela estrutura interna do texto. Sabe-se, desde Jakobson, que o discurso estético, ao privilegiar o significante, isto é, o aspecto carnal dos signos, é inevitavelmente destinado à ambiguidade. É porque a forma se desenvolve em detrimento do fundo que a literatura produz um sentido incerto. Em razão do trabalho ao qual o texto as submete, as palavras cessam de ater-se a seus conteúdos e liberam um espaço lúdico no qual se tornam possíveis jogos de signos e leituras plurais.

Quando Mallarmé, num soneto célebre "Ses purs ongles très haut..." ["Suas unhas puras muito alto..."], qualifica o "ptyx" de "abolido brinquedo de inanidade sonora", está claro que as palavras que compõem o verso foram primeiramente escolhidas pelas suas qualidades fonéticas (aliterações em "b" e "l", assonâncias en "o" e "i"). Essa preferência pela musicalidade tem como inevitável corolário um certo obscurecimento do sentido. Em que medida o "ptyx", concha vazia que se leva ao ouvido e cujo ronco surdo sugere o barulho do mar, corresponde à definição que Mallarmé lhe atribui? Já que as palavras não são mais escolhidas por seu sentido, mas sim por seu som, o texto torna-se opaco e, sugerindo mais do que diz, é suscetível de uma grande variedade de interpretações.

Esse fenômeno é acentuado pelo caráter "polisotópico" da maioria das obras literárias. O texto, seguindo ao mesmo tempo várias linhas de sentido, leva o leitor a destacar várias coerências. Como definir, por exemplo, a isotopia principal de *Gargântua*? É uma celebração do humanismo do Renascimento? Uma narrativa burlesca e paródica? Um romance de iniciação? Uma narrativa picaresca? O interesse do texto está justamente na impossibilidade de sacrificar uma ou outra dessas interpretações.

Textos "escritíveis" e textos "legíveis"

Se o ato de leitura tende a multiplicar as significações, o número e a natureza dos níveis de sentido variam com os tipos de texto. Nem todas as obras carregam a mesma polissemia. Barthes (1970c) distingue assim os textos "escritíveis" dos textos "legíveis": "Por um lado, há o que é possível escrever e, por outro, o que não é mais possível escrever" (p.10). O escritível designa os textos no plural ilimitado que podem ser indefinidamente reescritos (isto é, reinterpretados) pelo leitor. No oposto, o legível remete aos textos cujas linhas de sentido são contáveis e identificáveis pela análise. Haveria, assim, por um lado, textos como os de Mallarmé ou Bataille, que, pelo trabalho ao qual submetem a linguagem, frustram qualquer tentativa de fechar a análise e, por outro, a longa tradição dos textos clássicos que aceitam várias leituras, mas em quantidade limitada.

O importante é que, escritível ou legível, o texto literário é, por definição, sempre polissêmico. O texto legível, mesmo que seu plural seja circunscrito, também deixa ouvir várias vozes. Barthes identifica cinco delas: a voz da *Empiria* (organização em sequências das ações e comportamentos das personagens), a voz da Pessoa (significantes de conotação que constituem campos temáticos), a voz da Ciência (feixo dos julgamentos coletivos e anônimos fundamentados numa "autoridade"), a voz da Verdade (conjunto das unidades que articula um enigma e sua solução), e a voz do Símbolo (partitura com entradas multivalentes e reversíveis). Assim, quando o narrador de *Sarrasine* inaugura seu relato escrevendo:

> Estava mergulhado em um desses sonhos profundos que atinge todos, mesmo um homem frívolo, no meio das festas mais tumultuosas,

ele se refere de antemão e simultaneamente à quase totalidade dos códigos. O estado de absorção da personagem ("estava mergulhado"), ao traçar um comportamento, faz ouvir a voz da *Empiria*; a evocação das "festas tumultuosas", ao conotar a riqueza – um dos temas essenciais da narrativa –, designa a voz da Pessoa; a forma proverbial da oração adjetiva ("que atinge todos") remete claramente, pela sua aparência de verdade geral, à voz da Ciência; o "sonho", enfim, que permite ao espírito vagabundear quando o corpo permanece imóvel, anuncia a antítese a vir entre o fora e o dentro, antítese cuja sequência da narrativa vai rapidamente revelar o valor simbólico. A voz da Verdade, ela própria, fez-se ouvir logo no título por meio das perguntas que um nome tão enigmático como "Sarrasine" provoca.

É essa pluralidade de vozes que, ao se revelar no decorrer da leitura, define o texto como literário:

> O texto, enquanto se faz, é parecido com uma renda de Valenciennes que nasceria diante de nós sob os dedos da rendeira: cada sequência engajada pende como o bilro provisoriamente inativo que espera enquanto seu vizinho trabalha; depois, quando chega sua vez, a mão retoma o fio, o traz de volta ao bastidor; e, à medida que o desenho vai se completando, cada fio marca seu avanço por um alfinete que o retém e que se desloca aos poucos. (Barthes, 1970c, p.166-7)

A leitura centrípeta

A tradição da hermenêutica

Se o texto remete a vários sentidos, não é certo que todos tenham a mesma importância. Pode-se muito bem ler postulando a existência de uma significação original e central da qual dependeriam e surgiriam todas as outras. Essa relação com a obra, espontânea, como se viu, no leitor comum, é igualmente prezada por uma certa leitura crítica. Nascida da longa tradição da hermenêutica literária, atualmente é defendida pelos teóricos como Starobinski e Ricœur.

A hermenêutica – do grego *herméneutikos*, que significa "fazer conhecer", "traduzir", "interpretar" – guarda, para a leitura, o princípio de coerência. Cada elemento do texto deve ser interpretado em razão do todo. Em última análise, é sempre possível relacionar a obra com uma intenção, uma origem, que garante a unidade do sentido. Eis como Leo Spitzer (1970) define o comportamento do pesquisador:

O que se lhe deve pedir ... é ir da superfície até o "centro vital interno" da obra de arte: observar primeiro os detalhes na superfície visível de cada obra em particular (e as "ideias" expressas pelo escritor são apenas um dos traços superficiais da obra); depois agrupar esses detalhes e procurar integrá-los ao princípio criador que deve ter estado presente no espírito do artista; e finalmente voltar para todos os outros domínios de observação para ver se a "forma interna" que se tentou construir dá realmente conta da totalidade. Depois de três ou quatro dessas idas e voltas, o pesquisador poderá saber se encontrou o centro vital, o sol do sistema astronômico (ele saberá se está definitivamente instalado no centro, ou se se encontra numa postura "excêntrica" ou "periférica"). (p.60)

"O efeito de surdina" em Racine ou "a arte da tradição" em La Fontaine permitem, assim, por aprofundamentos sucessivos, chegar a um entendimento global de suas respectivas obras.

A hermenêutica defende, portanto, a ideia de uma leitura "centrípeta", isto é, de uma interpretação centrada e racionalizante que tenta subsumir a complexidade dos textos em um sentido unitário. Esse princípio unificante que permite ao leitor ordenar sua leitura é o sujeito que mora na obra e que nela se revela. Pelo menos é o ponto de vista de Georges Poulet (1975), que, embora reivindicando, diferentemente de Spitzer, uma primeira experiência do texto totalmente subjetiva, procura igualmente na obra um centro original:

O texto menos pessoal, aparentemente mais desprovido de valores subjetivos, é inevitavelmente animado por uma atividade espiritual central da qual o texto, e tudo que ele contém, pensamentos, sentimentos, ações, depende da maneira mais estreita. No meio da pluralidade dos objetos em que um pensamento nasce, sempre existe um sujeito. Que esse sujeito seja o próprio autor se deslocando para dentro de sua obra e vivendo dentro de seu próprio texto, isso não se nega. Evidentemente, não se trata aqui do autor, tal qual se mostra a si próprio e aos outros, circunscrito e diminuído por todas as mesquinharias da vida cotidiana. Mas é de fato o autor, ou pelo menos o pensamento atuante, pensante e consciente do autor, que, no seu texto, se encontra enraizadamente ligado a todos os objetos com os quais escolhe se confrontar. Ler um texto é, portanto, tomar conhecimento dessa presença interna. (p.78-9)

O próprio da hermenêutica é, portanto, essa necessidade, constante no decorrer da leitura, de transformar o diverso no único.

Sentido imanente e "estrutura profunda"

Essa ideia de uma significação original que seria a chave do texto não é própria da tradição hermenêutica. Curiosamente, encontra-se essa visão de um sentido que existiria na obra como uma realidade primeira na semântica estrutural de Greimas. Os conceitos de "estrutura semântica profunda" ou de "substância do conteúdo", inspirados na linguística gerativa de Chomsky, sugerem de fato a existência de um fundo recoberto pela forma, que o ato de leitura teria como tarefa desvelar. Assim Greimas (1970) postula, em face de um "nível aparente" da narração, a existência de "um nível imanente", "constituindo um tipo de tronco estrutural comum, no qual a narratividade está localizada e organizada anteriormente à sua manifestação" (p.158). Existiria assim no texto um sentido primeiro e geral que cada leitor poderia apreender.

Analisando a obra de Bernanos, Greimas tenta ele próprio destacar essas estruturas semânticas profundas que preexistem à forma narrativa. Partindo do binômio vida/morte que atravessa o conjunto dos textos bernanosianos, percebe que a relação entre os dois termos, longe de se reduzir a uma simples oposição, apresenta-se como uma correlação de duas categorias binárias. A vida define-se, assim, não somente por suas características próprias ("mudança", "luz", "calor"), mas também pelo conjunto dos traços que a opõem à morte ("pureza", "gaseidade" e "forma" como respectivos contrários da "mistura", da "liquidez" e do "disforme"). Simetricamente, a morte acrescenta às suas qualificações internas ("mistura", "liquidez", "disformidade") as definições negativas da vida ("imobilidade", "tênebras" e "frio" como respectivos contrários da "mudança", da "luz" e do "calor"). Essa estrutura semântica com quatro elementos (vida, não vida, morte, não morte) encontra-se no conto popular e no mito. Portanto parece que, além das variações de superfície, a leitura permite apreender um tipo de núcleo original que seria comum às produções do imaginário.

Os invariantes da vida psíquica

Da leitura centrípeta depende igualmente a abordagem psicanalítica dos textos literários. Abandona-se, nesse momento, a recepção consciente para a recepção inconsciente. Se admitimos o princípio segundo o qual os desejos frustrados não são muitos e são comuns a todos os indivíduos, podemos explicar a atração do leitor pela ficção mediante o reconhecimento de grandes estruturas fantasmáticas. Sempre se procurariam as mesmas coisas na obra de imaginação. "O inconsciente de um homem", escreve Freud (1968), "pode reagir ao inconsciente de outro homem virando o consciente" (p.107).

Segundo Marthe Robert (1972), todo leitor encontraria seu "romance familial" na narrativa romanesca. Quando criança, cada um de nós forjou uma fábula na qual substituiu seus pais de origem por pais imaginários. Essa narrativa maravilhosa, embora reprimida mais tarde, nunca desaparece por inteiro; é ela que explicaria nossa atração pelos romances:

> A natureza particular da fé que todo homem dá a seu romance familial é a única explicação aceitável da ilusão romanesca, a qual faz

o leitor ingênuo, mas também o espírito mais esperto e desiludido, acreditar sem dificuldade que ele poderia encontrar Raskolnikov, Rastignac ou Julien Sorel na vida. Quando Oscar Wilde declara que a maior tristeza *de sua vida* é a morte de Lucien de Rubempré em *Esplendores e misérias das cortesãs*, ninguém se choca com o absurdo de sua fala, que seria gritante se se tratasse de Fedra ou Édipo. (Ibidem, p.65)

O efeito de vida da personagem romanesca testemunharia assim a confiança dada às produções do imaginário. O romance familial teve um papel tal na estruturação do sujeito que se tornou o fundamento psicológico de toda crença narrativa: assim que entram numa história, certas personagens remetem a essa narrativa original que, aos olhos do leitor, possui além do tempo uma parte de verdade.

De modo mais geral, Michel Picard (1989) escreve:

> O que lemos, em primeiro lugar, claramente, o que *reconhece-mos* sem querer, são as grandes invariantes da vida psíquica não consciente, na maioria das vezes indissociavelmente associadas, e sua utilização pelo Ideológico. (p.109)

Vê-se que, mesmo que não se deva negligenciar a parte importante da ideologia na recepção dos textos, são "invariantes" que realmente, num nível inconsciente, são percebidas pelo leitor. De fato, é legítimo pensar que os mecanismos psíquicos que operam na criação não são sensivelmente diferentes dos que determinam a recepção: criada para preencher o desejo do artista, a obra preenche igualmente nosso próprio desejo:

> O que sentimos ao ler um livro é o reflexo dos fantasmas inconscientes que o texto desperta em nós. Os afetos assim suscitados (alegria, tristeza, angústia, desgosto, tédio etc.) são o eco em nós mesmos, leitores, dos fantasmas do autor. (Clancier, 1987, p.171)

Certos romances, com qualidades entretanto discutíveis, conheceram uma fama excepcional graças às gratificações que traziam – e ainda trazem – a seu público. O sucesso de *A ilha misteriosa*, por exemplo, deve muito ao jogo do narrador com a tendência inconsciente voyeurístico do leitor: sem dúvida nenhuma, existe um prazer turvo em adentrar nesse mundo virgem, sem barreiras, onde tudo parece possível. De fato temos aqui, por meio de uma estrutura imaginária muito geral, uma comunicação entre inconsciente e inconsciente.

É, portanto, porque os desejos rejeitados são idênticos que as imaginações do leitor podem fazer eco às do autor. Ler, nesse nível, é reencontrar pela leitura o gozo da escrita.

A leitura centrífuga

O "desconstrucionismo"

Em vez de procurar uma coerência, a leitura, ao contrário, pode se preocupar em jogar com as oposições e contradições de um texto. De qualquer modo, é a prática do "desconstrucionismo": não se trata mais de procurar unificar o texto relacionando-o com uma intenção, mas sim de fazê-lo explodir desconstruindo-o.

É a linguística estrutural (e, mais precisamente, a fonética) que permitiu a Derrida criar filosoficamente tal leitura dos textos (ver, em particular, *L'écriture et la différence* [*A Escritura e a diferença*], 1967). Já que todo signo se constitui a partir das diferenças que o opõem aos outros signos, cada elemento existe apenas na sua relação com os outros; a linguagem não tem, portanto, nem centro nem início, não existe lugar original. Assim, é impossível conceber ler o livro como um todo: os sentidos de um texto – inútil seria querer fixá-los – se fazem e se desfazem sem parar.

Estamos, portanto, nos antípodas da leitura centrípeta e racionalizante da hermenêutica. O desconstrucionismo derridiano inaugura, ao contrário, uma leitura disseminadora e centrífuga.

A leitura

Lucette Finas (1986) deu vários exemplos de tal abordagem dos textos, fundamentada na lentidão do deciframento e na atenção extrema dada ao detalhe. Eis como ela define seu método:

> Decido – para impedir as linhas do sentido, as forças do sentido de invadir o leitor, excluindo todas as outras – diminuir até o *pisoteio* a velocidade de passagem através do texto do qual empreendo excitar cada parcela, ficando atenta, ao máximo, para as outras, numa comunicação louca e num vaivém incessante. A partir de certo grau de mudança da superfície erétil, a decisão dá uma viravolta e o texto não somente responde cada vez mais, como também antecipa e prescreve. Isso poderia se chamar: "ceder a iniciativa às palavras". Certamente a leitura rápida não ignora os roçamentos, os contatos furtivos entre o sentido e os fenômenos de linguagem; mas a leitura trabalhada ilumina-os, transforma-os em relações visíveis. (p.14-5)

Em *Choses vues* [*Coisas vistas*], Victor Hugo relata um episódio bastante agradável no qual Sanson, o carrasco de Paris, apresenta a turistas ingleses a guilhotina que tanto serviu durante o Terror. Evocando a máquina terrível, Hugo escreve: "fazia-a *trabalhar*" (contenta-se em mandá-la guilhotinar montes de feno). Eis, segundo Lucette Finas, tudo que se pode ler na palavra "trabalhar": uma humanização da guilhotina transformada em uma prostituta ou trabalhador manual; uma perversão – sublinhada pelos itálicos – do sentido comum do verbo (que, de fato, parece "fazer caretas"); uma reativação da etimologia (*tripalium*: instrumento de tortura com três estacas), remetendo, por um lado, à violência da guilhotina (parteira da História, durante a Revolução); por outro, às condições de trabalho, desumanas no século XIX – e, em particular, entre os ingleses...

Não se trata mais, como se vê, de trazer o múltiplo para um único, mas de desmultiplicar o quanto possível o sentido de cada unidade.

O sentido irresolúvel

O que o desconstrucionismo coloca em evidência é que o sentido da leitura é, na verdade, não dominável. Como mostrou o crítico americano Paul De Man, o signo linguístico é a razão de uma confusão constante entre sentido literal e sentido figurado. Confrontado com o texto, o leitor nunca sabe com certeza se deve fundamentar sua interpretação na estrutura gramatical da frase ou na sua estrutura retórica. Uma fórmula como "Você está se sentindo bem?" pode ser interpretada como uma preocupação a respeito da saúde do outro ou como uma agressão verbal equivalente mais ou menos a "Você é completamente louco". Quando é o texto inteiro que joga com essas ambiguidades, resulta um tipo de vertigem referencial que, multiplicando as significações, torna ilusório todo fechamento da análise.

O texto, em tal perspectiva – centrada no estudo do detalhe –, define-se como o que escapa sem parar ao controle do leitor. Ficaremos convencidos disso examinando a análise minuciosa que De Man faz de uma frase de Proust extraída da célebre passagem de *Combray* consagrada à leitura. Evocando o "frescor escuro" de seu quarto, o narrador de *Em busca do tempo perdido* escreve:

> combinava bem com meu descanso que (graças às aventuras contadas pelos meus livros e que vinham emocioná-lo) suportava, tal qual o descanso de uma mão imóvel no meio de uma água corrente, o choque e a animação de uma torrente de atividade. (Proust, 1954, p.103)

Segundo De Man, essa frase é uma tentativa de reconciliar a interioridade da leitura e a exterioridade da ação a fim de evitar o sentimento de culpabilidade próprio a todo prazer mental. O frescor, mencionado no início da frase e retomado pela imagem da água corrente, é um atributo da interioridade que, como tal, remete ao mundo imaginário da leitura. Ora, esse "descanso imóvel", na medida em que suporta uma "torrente de atividade", apropria-se novamente do calor da ação. Assim a leitura apresenta-se como uma síntese realizada pela qual se pode ser imóvel sem ser passivo e apreciar o frescor de um quadro sombreado ao mesmo tempo que se aquece interiormente. A reconciliação entre o dentro e o fora, entre o frescor e o calor, entre o universo mental e o mundo exterior, na realidade, está inteiramente apoiada pela ambiguidade da palavra "torrente":

> "Torrente" funciona em um registro semântico duplo: em seu sentido literal despertado, ele transfere e substitui o atributo de frescor efetivamente presente na água viva que recobre a mão, enquanto no seu não sentido figurado designa uma amplidão de atividade que sugere a propriedade contrária do calor. (De Man, 1972, p.238-9)

A leitura literal, que vê espontaneamente na expressão "torrente de atividade" um clichê que evoca a energia e, portanto, o calor da ação, é assim "desconstruída" por uma leitura mais atenta que, levando em conta o caráter "retórico" do texto, mostra que, nessa passagem, a torrente remete, ao contrário, para a imagem da água viva que sugere o frescor. Vê-se claramente aqui toda minúcia e atenção que a leitura desconstrutivista implica. Para interpretar essa frase de Proust, De Man primeiro teve que destacar a lógica binária da passagem (interioridade/exterioridade) e as equivalências suscitadas pelos polos (imobilidade e frescor, por um lado, ação e calor, por outro). Depois teve que levar em conta o lugar das palavras em relação umas às outras e os equívocos semânticos que dele resultavam. Enfim – e sobretudo – teve que mostrar como a ambiguidade fundamental da linguagem literária não permitia se posicionar a favor da interpretação literal ou da interpretação retórica. Levantou assim uma série de perguntas a respeito de uma frase enunciada entretanto como uma simples evidência. Em outros termos, ele a "desconstruiu".

Entende-se melhor, assim, essa fórmula dolorosa e um pouco brutal: "a possibilidade da leitura nunca é realmente garantida" (De Man, 1971, p.107).

A parte do leitor

Sem chegar necessariamente às conclusões extremas do desconstrucionismo, parece que a parte ativa do leitor na construção do sentido afasta a própria ideia de uma interpretação definitiva.

O eu que se engaja na obra sempre é, de fato, ele próprio um *texto*: o sujeito não é nada mais do que a resultante de influências múltiplas. A interação que se produz na leitura é, portanto, sempre inédita. O sentido, longe de ser imanente, se apresenta como o resultado de um encontro: o do livro e do leitor. Uma obra como *Quo Vadis?*, por exemplo, não pode ter o mesmo sentido para um leitor francês contemporâneo do que para um leitor polonês do fim do século XIX. Quando o romance de Sienkiewicz foi inicialmente publicado na forma de folhetim em 1895, os poloneses, que na época estavam sob o domínio dos russos, tenderam a se reconhecer nos martírios cristãos, vítimas de um Nero cruel e todo-poderoso que facilmente assimilaram ao czar. Esse "suplemento de sentido" deve-se inteiramente à situação particular de seus primeiros leitores. Meio século depois, Henri de Montherlant, lendo o livro com outro olhar (e em outro contexto), repudiará o sentido cristão do livro para ver nele apenas a evocação sedutora do paganismo. É seu próprio texto (desprendimento orgulhoso, orgulho, fascínio pela "grandeza", gosto pelas multidões e pelos jogos públicos) que ele confrontará com o de Sienkiewicz. Ouvimos o que ele própio confessa a respeito de seu encontro com a obra:

> Eu tinha nove anos. *Influência* não é a palavra. Foi, exatamente, uma *revelação* brusca do que eu era e já era por inteiro. Reencontrava algo de mim em Nero, em Petrônio, em Vinícius, até mesmo em Aulus Plautus. E minha antipatia para com o apóstolo Pedro e os cristãos em geral revelava, ela também, uma tendência já profundamente enraizada dentro de mim. (carta citada por Kosko, 1960, p.130)

A leitura

O exemplo de Montherlant, leitor de Sienkiewicz, é esclarecedor: mostra a importância daquilo que cada leitor pode projetar de si próprio em dado texto. Assim, entende-se facilmente que o sentido depreendido possa ir ao encontro das intenções do autor.

É impossível, portanto, esgotar totalmente uma obra literária. Se certos níveis de sentido (determinados pela obra) são, em princípio, perceptíveis por todos, não é menos verdade que cada indivíduo traz, pela sua leitura, um suplemento de sentido. A análise, se pode destacar aquilo que todo mundo lê, não saberia dar conta de tudo que é lido.

Textos

Leo Spitzer e a leitura hermenêutica

Considerando a obra como uma totalidade, a hermenêutica afirma poder apreender, mediante a análise do detalhe, a significação do conjunto. Uma vez depreendido o sentido global, só falta mostrar, num segundo tempo, como os outros elementos da obra se ligam a ele. Essa passagem da pré-compreensão intuitiva até a interpretação globalizante é o que se chama "o círculo hermenêutico". Esse "círculo" que explica a unidade da obra pode, por sua vez, ser integrado ao universo mental de um autor, ele próprio simples elemento de um conjunto cultural. Jean Starobinski descreve com precisão esse objetivo de um todo sempre mais vasto em sua introdução para Études de style [Estudos de estilo] *de Spitzer.*

O projeto do autor, quando se pode descobri-lo, circunscreve um mundo estreito ou vasto, no interior do qual reina uma lei homogênea, uma necessidade de tipo orgânico. Levar em conta as fronteiras no interior das quais um escritor *conteve* sua fala seguramente é se dar a possibilidade de discernir a figura própria de uma arte: é justo então esperar que o círculo hermenêutico saberá coincidir, *a posteriori*, com o próprio círculo da obra total, sem nada omitir dela nem nada lhe acrescentar. Entretanto, desde que a configuração das totalidades constituídas e interrompidas intencionalmente pelos escritores seja claramente reconhecida, nada obriga a se limitar à mesma abertura de compasso. A decisão do crítico deve levar em conta a do escritor, mas não lhe é subordinada por nenhuma obrigação de fidelidade.

Tentemos ver o que acontece com o círculo hermenêutico se lhe atribuirmos por conta própria um raio variável. Enquanto nos deslocamos dentro dos limites de uma obra, os problemas são relativamente simples. Se trato de um hemistíquio da "Viagem" como um elemento da estrofe, o círculo da interpretação evolui numa totalidade provisória; um todo maior, "A viagem" que está diante de meus olhos, designa essa primeira totalidade provisória como uma parte abstrata, e minhas primeiras descobertas deverão ser retomadas e trazidas no poema global; por sua vez, "A viagem" não pode deixar de aparecer para mim na sua função de parte de um todo, esse caso, em seu papel de grande coda das *Flores do mal*. Até então, evoluímos num universo homogêneo onde, considerando as evidências internas e externas, estamos no direito de supor a presença de uma vontade de composição. Sabemos de onde vem o *veto* que proíbe à parte fingir ser um todo autárquico. Passar das *Flores do mal* para os outros textos de Baudelaire é certamente permanecer dentro do mesmo universo mental, mas não podemos mais afirmar que, nele, todos os elementos estão sustentados por uma vontade organizadora única. O todo assim constituído não é mais o da obra de arte, mas o de um mundo espiritual. Quem negaria entretanto sua unidade? Quem recusaria ao crítico o direito de colocar em evidência correlações significativas entre as partes? E o que importa se as correlações assim descobertas baseiam-se mais na atenção do crítico do que na do autor? Nem por isso essas correlações aparecem menos *na* obra examinada rapidamente pelo olhar do crítico. Mas um novo alargamento vai se impor, a não ser que uma decisão feche arbitrariamente o horizonte da pesquisa. A consideração da totalidade dos escritos de um autor exige a consideração de uma totalidade maior, que inclui a própria pessoa e a própria biografia do autor. Depois, por sua vez, esse conjunto vida-obra aparece como uma estrutura abstrata, já que é evidente que *pertence* a um momento sócio--histórico. Doravante estamos diante de conjuntos heterogêneos, contendo, por um lado, os organismos verbais regidos por uma vontade de coerência estática, por outro, o conjunto das condições às quais o escritor foi submetido e às quais respondeu com sua obra. Nesse ponto, o círculo hermenêutico e seu vaivém tendem a se confundir com o *método progressivo-regressivo* que Sartre, em *Questão de método*, usou como instrumento da totalidade do saber nas ciências humanas. Ao se preocupar com as condições sociais, a hermenêutica não sai do domínio de sua competência, pois essas são relações com o mundo natural e relações inter--humanas, no quadro de instituições que são, por sua vez, obras da vontade humana fixada e exteriorizada sob forma objetiva. Nesse nível, aparecem realidades escuras e desumanas: a necessidade, a violência, que as obras e sua beleza não nos mostram imediatamente, mas que não deixam de ter. Uma exegese compreensiva deve certamente conduzir até aí.

Estamos, portanto, diante de uma sucessão de totalidades provisórias, as quais passam a ser parte constitutiva de um conjunto maior: tudo se desenvolve como se pudesse ter somente totalidades instáveis, sugadas pela exigência de um todo mais completo, que as relativiza. (Starobinski, 1970, p.34-6)

A leitura disseminadora de Roland Barthes

No oposto da tradição hermenêutica, Roland Barthes defende em S/Z uma leitura "plural" que, longe de procurar um sentido unitário, procura observar no texto a multiplicidade dos feixes de sentido.

Interpretar um texto não é dar-lhe um sentido (mais ou menos fundamentado, mais ou menos livre), é ao contrário apreciar de que plural é feito. Em primeiro lugar, colocamos a imagem de um plural triunfante, que nenhuma imposição de representação (de imitação) vem empobrecer. Nesse texto ideal, os feixes são múltiplos e jogam entre si, sem que nenhum possa ganhar dos outros; esse texto é uma galáxia de significantes, não uma estrutura de significados; ele não tem início; é reversível; tem-se acesso a ele por várias entradas das quais nenhuma pode ser declarada com certeza principal; os códigos que mobilizam perfilam-se a perder de vista, não são decidíveis (o sentido nunca é submetido a um princípio de decisão, a não ser jogando nos dados); desse texto absolutamente plural, os sistemas de sentido podem se ajudar, mas sua quantidade nunca é fechada, tendo como medida o infinito da linguagem. A interpretação que pede um texto olhado imediatamente em seu plural nada tem de liberal: não se trata de conceder alguns sentidos, de reconhecer a cada um deles sua parte de verdade; trata-se, contra toda indiferença, de afirmar o ser da pluralidade, que não é o do verdadeiro, do provável ou mesmo do possível. Essa afirmação necessária é entretanto difícil, pois ao mesmo tempo que nada existe fora do texto, nunca existe um *todo* do texto (que seria, por reversão, origem de uma ordem interna, reconciliação de partes complementares, sob o olho paternal do Modelo representativo): é preciso desprender o texto ao mesmo tempo de seu exterior e de sua totalidade. Tudo isso significa que, para o texto plural, não pode haver estrutura narrativa, gramática ou lógica da narrativa; se portanto umas e outras deixam-se aproximar, é *na medida* (dando a essa expressão seu pleno valor quantitativo) em que estamos diante de textos incompletamente plurais, textos cujo plural é mais ou menos parcimonioso. (Barthes, 1970, p.11-2)

5
O vivido da leitura

A fruição do imaginário

A consciência libertada

O que acontece quando se lê um livro? Quais são as sensações, as impressões que a leitura suscita em nós? Parece que a relação com o texto permite, em primeiro lugar, essa experiência particular que Jauss (1978) chama de "fruição estética": "Na atitude de fruição estética, o sujeito é libertado pelo *imaginário* de tudo aquilo que torna a realidade de sua vida cotidiana constrangedora" (p.130). A consciência "imaginante", como mostrou Sartre, de fato leva a uma sensação dupla de liberdade e de criatividade. Para isso, ela procede em dois tempos: "aniquilação" do mundo diante do qual o sujeito se afasta, e criação, no seu lugar, de um mundo novo a partir dos signos do objeto contemplado (cf. Sartre, 1940). A leitura é portanto, ao mesmo tempo, uma experiência de libertação ("desengaja-se" da realidade) e de preenchimento (suscita-se imaginariamente, a partir dos signos do texto, um universo marcado por seu próprio imaginário).

Para retomar os termos de Jauss, a leitura, como experiência estética, é, portanto, sempre "tanto libertação *de* alguma coisa quanto libertação *para* alguma coisa". Por um lado, ela desprende o leitor das dificuldades e imposições da vida real; por outro, ao implicá-lo no universo do texto, renova sua percepção do mundo. O leitor, emocionado pela paixão de Des Grieux por Manon, impressionado pela metamorfose de Jekyll em Hyde ou divertido pelas aventuras de Lazarillo, esquecerá por um momento (o da leitura) os problemas e preocupações de sua existência. Ao mesmo tempo, o interesse que tem pelo destino das personagens, ao confrontá-lo com situações inéditas, modificará seu olhar sobre as coisas.

Essa impressão de escapar de si próprio, ao mesmo tempo que se abre para a experiência do outro, pode ser assimilada a um desdobramento. Tal é, pelo menos, a opinião do linguista Thomas Pavel (1988) que, em suas reflexões sobre a natureza e as fronteiras da ficção, postula a existência de um eu "artístico", representante do sujeito no universo do texto:

> Visitamos as regiões fictícias, moramos nelas por um tempo, nos misturamos às personagens. O destino delas nos emociona ... Mandamos nossos eus ficcionais reconhecerem o território com a ordem de redigir logo um relatório; *eles* são sensibilizados, não nós, têm medo de Godzilla e choram com Julieta, enquanto nós apenas lhes emprestamos o corpo e as emoções, um pouco como nos ritos xamânicos nos quais os fiéis emprestam corpo aos espíritos bondosos. E, assim como a presença dos espíritos torna possível a glossolalia e a predição do futuro, os eus artísticos ou ficcionais estão prontos para sentir e expressar muito mais emoção do que os verdadeiros eus ressecados e endurecidos. As esperanças de Schiller na educação estética da humanidade não eram fundamentadas na crença de que, depois da volta do reino das artes, os eus ficcionais se misturariam sem resíduo nos verdadeiros eus, fazendo-os aproveitar de sua maturidade? (p.109)

Ler, pois, é uma viagem, uma entrada insólita em outra dimensão que, na maioria das vezes, enriquece a experiência: o leitor que, num primeiro tempo, deixa a realidade para o universo fictício, num segundo tempo volta ao real, nutrido da ficção.

A vertigem

Uma das experiências mais emocionantes da leitura consiste em proferir mentalmente ideias que não são nossas. Suscitada por todos os textos, ela adquire uma intensidade particular nas narrativas em primeira pessoa. Lendo as *Confissões*, assumo o "eu" que aí se expressa, e a voz de Jean-Jacques se confunde, por um tempo, com minha própria voz. Mesmo tipo de sensação com o Roquentin de *A náusea* ou o Abel Tiffauges de *O ogre*. Georges Poulet (1969) descreveu com bastante precisão esse processo no que ele chama, com razão, de "uma fenomenologia da leitura":

> Tudo que penso faz parte de *meu* mundo mental. E ainda aqui desenvolvo ideias que manifestamente pertencem a outro mundo mental, e que são o objeto de meus pensamentos exatamente como se eu não existisse. Isso é inconcebível, e parece mais ainda se eu pensar no fato de que, na medida em que toda ideia deve ter um sujeito que pensa, esse pensamento que não me pertence ao mesmo tempo que se desenvolve em mim deve igualmente ter em mim um *sujeito* que me é estranho. (p.56)

Essa interiorização do outro – é fácil admiti-lo – perturba tanto quanto fascina. Ser quem não somos (mesmo para um tempo relativamente circunscrito) tem algo de desestabilizante. O leitor, transformado em suporte, em uma tela na qual se realiza uma experiência outra, vê mudar as marcas de sua identidade: "Ler", observa B. Abraham (1983), "é desterritorializar: deixar passar pelo corpo os fluxos, as tendências inconscientes, as palavras de ordem que caracterizam o livro como ordenação" (p.94). Ler as *Memories d'outre-tombe* [*Memórias de além-túmulo*] é, de fato, sentir pessoalmente (e durante o tempo da leitura) as impressões, as sensações e as imposições que perpassam a prosa de Chateaubriand. Quer se trate do aspecto psíquico da leitura quer de sua dimensão propriamente física, "assimilar" outro é, de certa forma, sair de seus limites.

É certamente esse desabamento momentâneo dos fundamentos da existência que explica a descrição corrente da leitura como uma flutuação, uma vertigem na qual o sujeito, um pouco perturbado, oscila entre preocupação e euforia. "A leitura", escreve Jean-Louis Baudry (1988), "substitui fragmentos de discursos surgidos de toda parte, que tornam cada um de nós seres opostos, divididos, dispersos, um ser sob influência – alguém que não é mais nós e que, entretanto, não é outro" (p.74).

Contemplação e participação

A implicação do leitor no universo textual pode, contudo, adquirir formas muito diferentes. Depende, em grande parte, da distância histórica que o separa da obra lida.

Quando o leitor é contemporâneo da obra, a leitura lhe permite renovar sua percepção das coisas. Esse fenômeno explica-se pela deformação que o texto provoca sobre os dados do mundo. Na leitura de *O Processo*, por exemplo, o poder ilimitado da máquina estatal, apresentado como mola de uma lógica narrativa, percebido pelo olhar aterrorizado de K., leva a meditar sobre a natureza inquietante das sociedades modernas. Em outro registro, um romance como *A náusea* leva logicamente o leitor a se questionar sobre o sentido de sua existência. Iser qualifica de "participativa" essa primeira atitude de leitura.

Quando o leitor está separado da obra por uma grande distância temporal, cuida primeiramente de reconstituir a situação histórica do texto. Assim, lendo *Noventa e três*, o leitor atual procura sobretudo reconstituir o horizonte cultural que permite entender a visão hugoliana da Revolução. O que sua leitura esclarece é o ponto de vista que um intelectual do século XIX pode ter, depois da Comuna de Paris, sobre a violência histórica. O fenômeno é ainda mais nítido com a leitura de textos pertencentes à Antiguidade ou à Idade Média. *O romance de Enéas*, por exemplo, texto do século XII inspirado na *Eneida*, obriga mais o leitor do século XX a reconstituir o universo cultural que dá um sentido à narrativa do que modificar sua visão de mundo. De fato, o que aparece na leitura é a vontade do narrador de tornar a cristandade a herdeira da Roma antiga. Para isso, o texto de Virgílio não somente está reescrito num sentido cristão, como também na óptica da literatura cortesã. O que a leitura reconstrói é, portanto, uma problemática política e cultural própria do século XII. O leitor toma conhecimento dela pelo simples fato de que essa subentende a narrativa. Nesse caso, Iser fala de atitude "contemplativa".

Assim, há "participação" quando o leitor transcende a posição limitada que ele tem na vida cotidiana, e "contemplação" quando chega a uma visão de mundo que não é a de seu universo cultural.

O prazer do jogo

O "playing" e o "game"

Michel Picard, como se viu, propõe pensar a recepção dos textos a partir do modelo dos jogos. A leitura adicionaria assim dois tipos de atividades lúdicas muito diferentes: o *playing* e o *game*. O *playing* é um termo genérico para todos os jogos de representação ou de simulacro, fundamentados na identificação com uma figura imaginária. O *game*, por sua vez, remete aos jogos de tipo reflexivo, precisando de saber, inteligência e sentido estratégico (tais, por exemplo, o *go* ou o xadrez). Enquanto o estatuto objetivo do *game* permite o distanciamento, o *playing* enraíza-se no imaginário do sujeito.

A leitura seria portanto, ao mesmo tempo, jogo de representação e jogo de regras. É impossível ler um romance sem se identificar com tal personagem. Mas é igualmente impossível não respeitar um certo número de convenções, códigos e contratos de leitura.

Michel Picard analisou por esse ângulo o primeiro encontro de Julien Sorel e Madame de Rênal no início do capítulo VI de *O vermelho e o negro*. Se o jogo de representação proposto ao leitor é evidente, o jogo de regras também o é. Por um lado, de fato, a conotação edipiana da passagem é particularmente clara: o nascimento do sentimento amoroso entre o moço e a figura materna só pode favorecer a identificação do leitor. Entretanto, como observa Picard, essa identificação "espontânea" é, ao mesmo tempo, minada, até mesmo atacada, por uma série de códigos textuais que regulamentam a leitura da passagem: a constante alternância dos pontos de vista impede que se adote totalmente o olhar de uma das duas personagens; a ironia do narrador com respeito a Julien obriga a considerar esse último com certa distância; a incapacidade dos protagonistas de se decifrarem mutuamente contribui para despertar a consciência crítica do leitor. O texto não autoriza, portanto, um abandono completo; o romance favorece ao mesmo tempo o investimento e o limite regulamentando as modalidades. O jogo de representação só é possível dentro de um quadro imposto pela narração.

Poder-se-ia fazer a mesma demonstração, na escala da narrativa inteira, com *A vida não é aqui*, romance de Kundera. A identificação com o protagonista parece de fato favorecida por uma série de procedimentos no exato momento em que ela está desativada por outros. O herói da narrativa, um jovem poeta tcheco, é a personagem mais conhecida do leitor (que tem acesso à sua infância e seus sonhos) e seus esforços para se impor socialmente como artista e individualmente como sujeito apaixonado só podem trazer a simpatia. Entretanto, a ironia constante do narrador proíbe uma identificação total com a personagem: esta é apresentada como um indivíduo sem muito caráter, cuja inocência o transforma progressivamente em aliado, até mesmo colaborador de um regime carcerário e policial.

O texto pode, como se vê, dosar como lhe convém a implicação do leitor: as técnicas da narração permitem controlar o investimento na ficção. Nesse sentido, podemos dizer como Michel Picard, que, na leitura, o *game* "disciplina" o *playing*.

Implicação e observação

Vimos anteriormente como o leitor, para construir sua recepção, era levado para uma dialética permanente entre antecipação e retroação. O leitor, de fato, se é levado a formar configurações para preencher os "vazios" do texto, deve entretanto aceitar modificá-las, até mesmo atacá-las, se a sequência da narrativa vier a contradizê-las. É preciso, portanto, distinguir dois processos. Por um lado, ao preencher os "vazios" com representações que lhe são próprias, o leitor implica-se no texto. Por outro, é levado a se distanciar dessas mesmas representações quando o texto as invalida. Nesse último caso, ele próprio pode se observar participando do ato de leitura.

Vejamos *O planeta dos macacos* de Pierre Boulle. A narrativa inicia-se com duas personagens, Jinn e Phyllis, que, durante um passeio no espaço, descobrem uma garrafa contendo um pergaminho. O rolo de papel conta a história de um homem perdido, depois de uma viagem cósmica, num planeta governado por macacos inteligentes. Como Jinn e Phyllis não são descritos fisicamente, o leitor preenche o "vazio" do texto imaginando-os como um casal de jovens. Ora, no final da narrativa ficamos sabendo que essas duas personagens não eram humanos, mas sim macacos! O leitor, assim levado a corrigir sua primeira configuração, pode somente meditar sobre o antropomorfismo espontâneo que rege sua visão de mundo. Obrigado, num primeiro momento, a se implicar pessoalmente na leitura, é levado, num segundo momento, a se observar refletindo. É essa volta para si que, como repara Iser (1985), faz o valor da leitura:

> As contradições que o leitor produziu ao formar suas configurações adquirem sua própria importância. Elas o obrigam a perceber a insuficiência dessas configurações que ele próprio produziu. Pode então se distanciar do texto do qual participa de tal forma que possa se observar, ou, pelo menos, se ver engajado. A aptidão para se entrever a si próprio num processo do qual participa é um momento central da experiência estética. (p.241-2)

O autodistanciamento, quaisquer que sejam as modalidades, sempre é uma experiência enriquecedora.

Alguns textos, como os de Faulkner, levam esse procedimento ao extremo. *Enquanto agonizo*, por exemplo, ao variar os pontos de vista de capítulo em capítulo, proíbe ao leitor elaborar uma perspectiva que explique o texto no seu conjunto: nenhuma visão central permite unificar sob uma orientação narrativa clara os pensamentos e monólogos das personagens que se cruzam ao longo da narração. O leitor, constantemente embaraçado no seu trabalho de deciframento, se questiona sobre seu modo de conceber o sentido. Sempre levado a voltar para suas primeiras considerações, deve ler e, ao mesmo tempo, se observar lendo.

É essa oscilação constante entre implicação e observação que torna a leitura um acontecimento vivido.

Uma viagem no tempo

A "regrediência"

A leitura permite viajar no tempo. A afirmação é apenas metafórica. Ao ler um romance, aceitamos esquecer por um tempo a realidade que nos cerca para nos ligarmos novamente com a vida da infância na qual histórias e lendas eram tão presentes. Ao acordar o eu imaginário, normalmente adormecido no adulto acordado, a leitura nos leva de volta ao passado. O que permite que essa parte de nós mesmos, herdada da idade tenra, renasça tão facilmente?

A resposta se encontra nas semelhanças entre o estado de leitura e o sono. Em termos de energia psíquica, a situação do sujeito que lê aparenta-se com a do sonhador. A leitura, como o sono, fundamenta-se na imobilidade relativa, uma vigilância restrita (inexistente para aquele que dorme) e uma suspensão do papel de ator em favor do de receptor. O leitor, colocado assim numa situação econômica parecida com a do sonhador, deixa suas excitações psíquicas se engajarem em um início de "regrediência".

Para entender o conceito de regrediência, que tomamos emprestado de Christian Metz (1984), é preciso partir de uma distinção entre as percepções do estado de vigília e as representações oníricas. No sujeito ativo e acordado, as impulsões psíquicas vão do exterior (o mundo) para o interior (o aparelho psíquico onde as percepções vêm se imprimir): tal trajeto é chamado de "progrediente". Em contrapartida, no sonhador, as excitações têm sua origem no inconsciente do sujeito (são, desde o início, interiores ao aparelho psíquico) e acabam numa ilusão de exterioridade por meio da produção de imagens mentais: portanto estamos diante de um processo "regrediente". Só a via regrediente (da interioridade psíquica para a representação) permite a emergência da alucinação.

A regrediência, evidentemente, não cabe na leitura como no sono. Assim como o fluxo regrediente vem se chocar, no espectador de cinema, contra a materialidade do som e das imagens do filme, a regrediência do leitor fica limitada pelo suporte escrito da alucinação. Pode-se simplesmente notar que, como a tela linguística é menos "compacta" do que a tela cinematográfica, a regrediência é mais avançada no leitor do que no espectador: as representações imaginárias do primeiro devem compor com um princípio de realidade muito menos exigente. É o que explica essa intimidade excepcional (a qual todo leitor pode experimentar) entre o sujeito que lê e a personagem romanesca. O imaginário próprio de cada leitor tem um papel tal na representação que quase se poderia falar de uma "presença" da personagem no interior do leitor. Essa sensação de consubstancialidade entre o sujeito que lê e a personagem representada nenhuma imagem óptica jamais poderá dar.

Entende-se assim a decepção tão frequentemente sentida quando um romance que se leu é filmado. A personagem que, ao longo de sua leitura, chegava à existência pelas representações imaginárias do leitor, apresenta-se na tela como um outro absoluto na produção do qual o espectador não participa. A ligação íntima que unia o leitor às criaturas fictícias é totalmente rompida. O que se perde na passagem do romance em livro para o filme não é nada menos do que a potência criadora do desejo:

> O leitor do romance, seguindo as vias próprias e singulares de seu desejo, de antemão vestira visualmente as palavras que havia lido, e quando vê o filme gostaria de reencontrar esse visual: na verdade, *revê*-lo, em virtude dessa implacável força de repetição que mora no desejo, que leva a criança a usar sempre o mesmo brinquedo, o adolescente a ouvir sempre o mesmo disco, antes de abandoná-lo para o seguinte que saturará por sua vez um período de sua vida. Mas o ledor de romance nem sempre encontra *seu* filme, pois o que tem na sua frente, com o verdadeiro filme, doravante é o fantasma de outro, coisa raramente simpática (a tal ponto que, quando se torna simpática, provoca o amor). (Metz, 1984, p.137)

A prática editorial que consiste em ilustrar os clássicos com fotos de atores certamente incita à compra, mas muito pouco à leitura. Quem, fora o diretor, imaginará Julien Sorel com os traços de Gérard Philipe e Madame de Rênal com os de Danielle Darrieux? Qual leitor de *Madame Bovary* verá sem decepção Isabelle Huppert no lugar de Emma única e irrepresentável que havia imaginado? Impor um rosto para as figuras romanescas é nos despossuir de uma parte de nós mesmos.

"A criança que lê em nós"

É portanto a criança que fomos que permite acreditar nas narrativas romanescas. Havia uma época em que reinava a lenda, em que o ser e o parecer não se distinguiam (quem nunca acreditou em Papai Noel?). Esse consentimento eufórico na ficção nunca desaparece totalmente (nossa relação com a figura de Papai Noel sobrevive à tomada de consciência de sua ficcionalidade). Nossas crenças infantis, reativadas em certas condições (entre elas a situação de leitura), subentendem nossas crenças de adultos. Assim que abrir um romance, é a criança que renasce (pelo menos, em certo nível):

> A criança persiste dentro de nós e assina: é ela que, aí, é o *jogado*, o *lido*, depreendido das leis do *Logos* e das categorias do espaço-tempo; é na sua credulidade inocente que, hipocritamente, a tolerância do *ledor*, aqui e agora, se junta à ilusão. A criança serve de suporte e de álibi para a credulidade do adulto: assim reencontramo-la como mediador interno, herói, testemunha ou narrador, em numerosas ficções, e em particular no Fantástico, onde frequentemente lhe é atribuída uma função mista de vítima e de fiador: em *O homem de areia* ou *A volta do parafuso*, por exemplo. (Picard, 1986, p.116)

Ler, de certa forma, é reencontrar as crenças e, portanto, as sensações da infância. A leitura, que outrora ofereceu para nosso imaginário um universo sem fim, ressuscita esse passado cada vez que, nostálgicos, lemos uma história.

Por essa razão, as primeiras leituras são, como nota Grivel (1987), a matriz das leituras ulteriores:

> Que idade temos quando lemos? ... Respondo: *a primeira idade!* É quando *criança* que lemos, do ângulo da primeira vez e obcecados por ela. Primeiro ponto: *minha paixão.* Ler é um desejo de infância. Doar-se para o texto, pelo deciframento do olhar ou da pena, é sonhar com uma capacidade anterior, com uma frescura desaparecida, com um desatino do imaginário cuja ideia se fixou logo no início da vida consciente. (p.143)

A leitura é, antes de mais nada, uma desforra da infância.

A volta do passado afetivo

De forma mais precisa, e como mostrou Michel Picard (1989), pode-se dizer que a leitura nos remete a nosso passado segundo duas grandes modalidades. Por um lado, a identificação com algumas situações ficcionais nos permite reviver os cenários fantasmáticos da infância; por outro, certo detalhe do texto desperta em nós imagens íntimas: é o que se chama de "lembranças-telas".

Voltaremos mais adiante ao primeiro ponto que trata do impacto da leitura. Por enquanto, tratamos do fenômeno particular das "lembranças-telas". Ao ler um texto, o modo pelo qual se representa um objeto, um cenário ou uma personagem permite que ressuscitem imagens enterradas, das quais nem sempre é possível dizer de onde vêm. O boné de Charles Bovary, a pensão Vauquer, a ilha de Robinson, o rosto de Fabrice del Dongo são, além dos detalhes fornecidos pela narração, imaginados diferentemente – e pessoalmente – pelos leitores. Quando no início de *A pele de onagro* Balzac escreve: "No fim do mês de outubro passado, um rapaz entrou no Palais Royal", de onde vem a imagem que instantaneamente se cria do "rapaz" em questão? Não é muito fácil responder. O único ponto certo é que essa imagem surge de um passado privado, fugaz e, em grande parte, inconsciente. Lembramos o que a palavra "Florence" evoca para Jean-Paul Sartre (1984):

> Florence é cidade e flor e mulher, é cidade-flor e cidade-mulher e moça-flor tudo ao mesmo tempo. E o estranho objeto que assim aparece possui a liquidez do *rio*, o suave ardor ruivo do *ouro* e, para terminar, se abandona com *decência* e prolonga indefinidamente pelo enfraquecimento contínuo do *e* mudo seu desabrochamento cheio de reservas. A isso se acrescenta o esforço insidioso da biografia. Para mim, Florence é também uma certa mulher, uma atriz americana que trabalhava nos filmes mudos de minha infância e da qual esqueci tudo, exceto que era comprida como uma luva de baile comprida e sempre um pouco cansada e sempre casta, e sempre casada e incompreendida, e que eu a amava, e que ela se chamava Florence. (p.21)

Uma única palavra às vezes pode fazer surgir um passado: por meio da leitura, o texto remete cada um à sua história íntima.

Textos

A leitura como interiorização do outro

Se é possível assimilar a leitura a um tipo de vertigem, é na medida em que ela se apresenta como uma experiência da alteridade. Ao ler um texto, o sujeito assume um universo que não é seu. Esse processo muito particular está na origem de uma experiência de clivagem que Georges Poulet aqui resolve descrever.

O que é próprio de um texto é que ele nos incita não somente a constatar e a destacar de fora suas características objetivas, como também a nos tornar por nossa vez o que ele é, a nos confundir pela operação do espírito com sua própria substância. O fenômeno essencial que o marca nas suas relações conosco é o fenômeno de identificação. Ler é vir a ser, isto é, começar a participar mentalmente (e mesmo fisicamente pela atividade mimética) da vida particular do próprio texto. A leitura de um texto implica sempre, portanto, em maior ou menor grau, uma operação que só se pode chamar de ontológica. Pelo tempo em que se efetua, ela provoca uma transformação tão radical do pensamento leitor que esse não pode mais, durante esse período, ser dissociado do texto que o anima e o preenche. Torna-se então um pensamento não mais isolado em si próprio ou absorvido nos objetos que lhe são particulares à sua atividade mental, mas sim verdadeiramente o sujeito que se encontra no centro do texto e que, de dentro, o ordena e o faz viver; mas é também, ao mesmo tempo, enquanto se lê, persistir em permanecer aquele que lê, e que, ao ler, guarda sua própria personalidade ao mesmo tempo que sente os movimentos e os ritmos de ideias e de palavras que o texto lhe sugere. Consciência dupla da qual uma, despertada, ressuscitada pela outra, é a consciência latente do autor até então adormecida no interior do texto, e da qual a outra é consciência participante, impulso do pensamento libertador pelo qual se associa ao que ela está lendo. Tal diferença poderia parecer inutilmente complicada, mesmo assim permanece um dos fenômenos mais comuns numa vida tão pouco contemplativa; fenômeno pelo qual o leitor, consciente de receber do texto uma impulsão que modifica suas afeições e seu pensamento, percebe-se simultaneamente como consciência de si e consciência do texto, num movimento em que uma se conforma à outra, sem, contudo, perder totalmente sua independência. Pois não existe apenas relação entre o pensamento leitor e o texto, mas entre o pensamento leitor e o pensamento escondido no texto, que ele reaviva ao se ativar ele próprio ao seu contato. (Poulet, 1975, p.66-7)

O papel motor das emoções

Nessa passagem de Combray, Proust coloca em evidência as características essenciais da experiência de leitura. Evoca sucessivamente a relação íntima que une o leitor às personagens, a riqueza do vivido emocional, e a força das representações imaginárias que remetem à história afetiva do sujeito.

Mas todos os sentimentos que nos fazem sentir a alegria ou o infortúnio de uma personagem real só se produzem em nós por meio de uma imagem dessa alegria ou desse infortúnio; a habilidade do primeiro romancista consistiu em compreender que no aparelho de nossas emoções, como a imagem é o único elemento essencial, a simplificação que consistisse em suprimir apenas e simplesmente as personagens reais seria um aperfeiçoamento decisivo. Um ser real, por mais que simpatizemos com ele, percebemo-lo em grande parte pelos nossos sentidos, isto é, permanece opaco para nós, oferece um peso morto que nossa sensibilidade não pode levantar. Se lhe acontece uma desgraça, é apenas uma pequena parte da noção total que temos dele que permite nos emocionar; mais ainda, é apenas uma pequena parte da noção total que ele próprio tem de si que lhe permitirá se emocionar. O achado do romancista foi ter a ideia de substituir essas partes impenetráveis à alma por uma quantidade igual de partes imateriais, isto é, que nossa alma pode assimilar. O que importa, então, se as ações, as emoções desses seres de um novo tipo nos apareçam como verdadeiras, já que as tornamos nossas, já que é em nós que elas se produzem, e que, enquanto viramos febrilmente as páginas do livro, a rapidez de nossa respiração e a intensidade de nosso olhar permanecem sob seu domínio? E uma vez que o romancista nos colocou nesse estado, no qual, como em todos os estados puramente interiores, toda emoção é duplicada, estado no qual seu livro vai nos perturbar como um sonho, mas um sonho mais claro do que aqueles que sonhamos quando dormimos e cuja lembrança ficará ainda mais, eis que então ele desencadeia em nós, em apenas uma hora, todas as felicidades e todas as desgraças possíveis que, na vida real, demoraríamos anos para conhecer – apenas algumas delas – e das quais as mais intensas nunca nos seriam reveladas, pois a lentidão com que se produzem nos priva de sua percepção (assim nosso coração muda, na vida, e é a pior dor; mas é uma dor que apenas conhecemos na leitura, na imaginação; na realidade ele muda, como certos fenômenos da natureza se produzem, isto é, produzindo-se tão lentamente que se, por um lado, conseguimos captar sucessivamente cada um de seus estados diferentes, por outro, nos foge a sensação em si da mudança).

Em seguida, menos interior a meu corpo do que essa vida das personagens, vinha, vagamente projetada na minha frente, a paisagem onde se desenrolava a ação e que exercia sobre meus pensamentos uma influência muito maior do que a outra, do que aquela para a qual eu olhava quando parava de ler. Foi assim que durante dois verões, no calor do jardim de Combray, tive, por causa do livro que estava lendo, a nostalgia de um país montanhoso e fluvial, onde veria muitas serrarias e onde, no fundo da água transparente, pedaços de madeira apodreciam sob tufos de agrião; e não muito longe dali, subiam, ao longo de muros baixos, cachos de flores violáceas e avermelhadas. E como o sonho de uma mulher que me amaria estava sempre presente na minha mente, naqueles verões, esse sonho foi impregnado do frescor das águas correntes; e qualquer que fosse a mulher por mim evocada, cachos de flores avermelhadas e violáceas logo se erguiam de ambos os lados, como cores complementares. (Proust, 1954, p.105-6)

6
O impacto da leitura

Os desafios

Influenciar e divertir

Se a leitura é uma experiência, é porque, de um modo ou de outro, o texto age sobre o leitor. Globalmente, podem-se distinguir as leituras que exercem uma influência concreta (confirmando ou modificando as atitudes e práticas imediatas do leitor) e as que se contentam em recrear e divertir. Para isso, não se deve negligenciar a dimensão estratégica de numerosos textos que, por trás dos desafios de prazer explícitos (emocionar e distrair), escondem verdadeiros desafios performativos (informar e convencer).

Consideramos o caso de *A peste dos animais*. Sem dúvida, a intenção de prazer existe. La Fontaine, incontestavelmente, procurou seduzir atendendo às tradicionais expectativas do público das fábulas: micronarrativa apresentando animais humanizados, referências à literatura greco-latina, recurso da retórica clássica, versificação apropriada. O próprio tema da fábula (a peste) remete implicitamente às célebres descrições de Homero, Lucrécio e Virgílio. Alguns versos são retomados quase literalmente. Assim o verso 5, que apresenta a Peste como "Capaz de enriquecer em um dia o Aqueronte", inspira-se em uma fórmula que já se encontrava no *Édipo rei* de Sófocles: "Gades enriquece com nossos gemidos e nossos choros". No plano estilístico, a fábula é percorrida por uma série de formas mais ou menos fixas, vindas de uma tradição, e reconhecidas como tais pelo público. Notaremos, por exemplo, a rima trágica "terror"/"furor", a solenidade das metáforas ("os crimes da terra"), e as repetições com amplificação ("Um mau que espalhe o terror,/Mau que o Céu no seu furor..."). La Fontaine, portanto, procurou claramente divertir, explorando todos os recursos do gênero. Mas, por trás da preocupação em agradar, desenha-se rapidamente o desejo de agir no público, de tomar a palavra num debate que não é apenas literário. Assim é possível ver na condenação final e unânime do burro ("Comer a grama de outro! que crime abominável!") uma denúncia contra a máquina absolutista da Corte. Sob o aparato de uma narrativa agradável, perfila-se um discurso em defesa da vida individual e uma crítica, não ao sistema monárquico (o rei está no seu lugar), mas às suas manifestações desviadoras. De fato, a figura do monarca é percebida como positiva. Notaremos o caráter afetivo da ligação entre o rei e seus súditos ("Meus queridos amigos") e o reconhecimento de seu papel protetor ("Senhor, diz a raposa, Vossa Majestade é boa demais"). Eis o discurso dos cortesãos que, ao fingir retomar as palavras do monarca, desvia seu sentido e permite, finalmente, a acusação do burro. O "se" anônimo e coletivo que, no final da fábula, substitui o rei ("fez-se que ele visse") é, nesse ponto, muito revelador: a máquina impiedosa que esmaga o indivíduo não é a monarquia, mas a Corte, desvio condenável de um sistema hierárquico em si respeitável.

O coletivo e o individual

Existem duas maneiras de apreender os efeitos concretos de uma obra: pode-se estudar a leitura seja em suas consequências globais na sociedade seja no efeito particular que produz no indivíduo. No primeiro caso, consideramo-la em relação a um público; no segundo, em relação a um sujeito.

O estudo do impacto global permite devolver ao texto sua dimensão cultural. O princípio é o seguinte: o leitor não é um indivíduo isolado no espaço social; a experiência transmitida pela leitura desenvolve um papel na evolução global da sociedade. Segundo Jauss, o impacto cultural da leitura pode assumir três formas distintas: transmissão da norma, criação da norma, ruptura da norma. A obra pode transmitir os valores dominantes de uma sociedade (literatura oficial ou estereotipada) ou legitimar novos valores (literatura didática e militante) ou ainda romper com os valores tradicionais renovando o horizonte de expectativas do público.

Fora o caso das obras oficiais e das narrativas estereotipadas, basta que um texto seja portador, conscientemente ou não, dos valores dominantes de uma época para desenvolver um papel social de transmissão – e portanto de consolidação – da norma. *A canção de Rolando*, por exemplo, ao glorificar a submissão ao soberano, a fidelidade à linhagem, o amor pela "querida França" e a piedade, transmite a seu público os valores fundadores da sociedade feu)dal. Nesse sentido, sua importância na França do século XII ultrapassa amplamente o domínio literário.

A obra, contudo, em vez de afiançar os valores dominantes, pode, por meio da leitura, legitimar novos valores. Não se trata mais então de transmitir a norma, mas sim de criar referências novas. É a aposta que Rousseau fez em *Júlia ou a nova Heloísa*. O desfecho do romance que mostra Júlia, seu marido e seu antigo amante tendo uma vida feliz, baseada na virtude, no ambiente natural e encantador de Clarens, opõe-se ao ideal de vida dos nobres, marcado pelo esbanjamento, pelo luxo e pelo gosto do prazer, um ideal burguês de simplicidade rústica, familial e econômico. O sucesso do romance teve, como se sabe, um papel importante na evolução das mentalidades que, no fim do século XVIII, permitiu à burguesia impor seus valores.

A ruptura da norma manifesta-se, enfim, em primeiro lugar, no campo estético. Ao renovar o horizonte de expectativa literária, uma obra vai afirmar seu caráter inovador. Assim *Madame Bovary*, quando publicada em 1857, contribuiu para transformar o gosto do público. Enquanto os leitores dos romances de costumes, até então, eram sobretudo sensíveis aos clichês eróticos e ao lirismo sentimental, Flaubert impõe um estilo mais sóbrio, sem efeitos muito visíveis, mas que, por trás da discrição da narração impessoal, deixa filtrar uma ironia muito mais incisiva. Tal questionamento, inicialmente limitado ao domínio literário, só pode se ampliar para o campo social inteiro.

Assim é possível concluir com Jauss que, graças à leitura, as obras literárias têm uma importância muito grande na evolução das mentalidades: podem, em certos casos, pré-formar os comportamentos, motivar uma nova atitude, ou transformar as expectativas tradicionais. Esse estudo do impacto global está no centro de *Pour une esthétique de la réception* [*Por uma estética de recepção*] (Jauss, 1978).

A análise do impacto local tem um objetivo diferente: destacar a ação do texto no leitor particular. Assim, ela se interessa menos pela dimensão cultural da obra do que pela sua força pragmática. É, como se viu, a perspectiva de Iser. Na medida em que o efeito da leitura no sujeito precede e condiciona seu efeito sobre a sociedade, vamos consagrar o final deste estudo à recepção individual.

Do texto ao real

"Efeito" e "recepção"

Para apreender o impacto da leitura no sujeito é preciso se lembrar da distinção estabelecida por Jauss entre o "efeito" – que é determinado pela obra – e a "recepção" – que depende do destinatário ativo e livre. Significativamente, encontra-se uma oposição parecida em Iser (1985): "Pode-se dizer que a obra literária tem dois polos: o polo artístico e o polo estético. O polo artístico refere-se ao texto produzido pelo autor, enquanto o polo estético diz respeito à concretização realizada pelo leitor" (p.48). Existem sempre, portanto, duas dimensões na leitura: uma, comum a todo leitor porque determinada pelo texto; a outra, infinitamente variável porque dependente daquilo que cada um projeta de si próprio.

Quando leio *La vie de Marianne* [*A vida de Marianne*], o ponto de vista que tenho sobre a intriga não depende de mim: na medida em que a história é contada na primeira pessoa pela própria heroína, só posso tomar conhecimento dos eventos por seu próprio olhar. A perspectiva que me é imposta é, pois, um "efeito" da obra que depende de seu polo "artístico". É somente num segundo momento que poderei concretizar o polo "estético" da narrativa reagindo pessoalmente a esse olhar que me é imposto sobre as coisas: posso ou não o achar legítimo, me deixar convencer por ele ou, ao contrário, desconfiar dele. Seja como for, não se trata mais então do "efeito" produzido pelo texto, mas de minha "recepção" desse último.

Essa distinção permite entender por que a relação do leitor com o texto é sempre receptiva e ativa ao mesmo tempo. O leitor só pode extrair uma experiência de sua leitura confrontando sua visão de mundo com a que a obra implica. A recepção subjetiva do leitor é condicionada pelo efeito objetivo do texto. É porque, objetivamente, *Crime e castigo* me coloca na perspectiva de um assassino atormentado pelo remorso que eu posso subjetivamente modificar meu olhar em relação ao crime e aos criminosos.

"Sentido" e "significação"

A leitura, ao levar o leitor a integrar a visão do texto à sua própria visão, não é em nada, portanto, uma atitude passiva.

O leitor vai tirar de sua relação com o texto não somente um "sentido", mas também uma "significação". Esses dois níveis de compreensão são definidos da seguinte forma por Paul Ricoeur (1969): o sentido remete ao deciframento operado durante a leitura, enquanto a significação é o que vai mudar, graças a esse sentido, na existência do sujeito. Em outros termos, existe, de um lado, a simples compreensão do texto e, de outro, o modo como cada leitor reage pessoalmente a essa compreensão. A significação é o "momento da retomada do sentido pelo leitor, de sua efetuação na existência" (p.389).

Essa ideia de um prolongamento concreto da leitura encontra-se também em Roland Barthes (1971), quando ele evoca a "transmigração" do texto para a vida do sujeito:

> Às vezes, o prazer do Texto cumpre-se de forma mais profunda (e é nesse momento que se pode dizer realmente que há Texto): quando o texto "literário" (o livro) transmigra para nossa vida, quando uma outra escrita (a escrita do Outro) consegue escrever fragmentos de nossa própria cotidianidade, enfim, quando se produz uma *co*existência. (p.12)

Viver um texto, evidentemente, não consiste em conformar seus atos ao que se pode ler nele (viver com Sade não é se tornar sádico), mas em transpor para sua vida fórmulas emprestadas da obra lida. O sujeito gosta de pensar: "Se tal personagem, tal narrador, estivesse na situação em que me encontro atualmente, com certeza diria...". Barthes faz esse jogo em *Sade,*

Fourier, Loyola (1971). Convidado para comer um cuscuz com manteiga rançosa enquanto não suporta o rançoso, ele conta como espontaneamente pensou em Fourier:

> Fourier teria imediatamente acabado com meu mal-estar (estar dividido entre minha boa educação e meu pouco gosto pelo rançoso) tirando-me de minha refeição (na qual, além do mais, permanecia preso horas, coisa pouco tolerável, contra o que Fourier protestou) e mandando-me de volta ao grupo dos antirracistas, onde poderia ter comido com gosto cuscuz fresco sem magoar ninguém. (p.84)

O impacto da leitura na existência do sujeito é, pois, mais real do que se imagina. Pode assumir formas menores (a lembrança da leitura nos dá a coragem de quebrar alguns códigos), mas também formas extremas. Sabe-se que *Tristão e Isolda* modificou o equilíbrio amoroso de várias gerações, que certas almas atormentadas do romantismo foram se suicidar no túmulo de Rousseau, que o *Werther* de Gœthe levou adolescentes a se dar a morte, e que um jovem russo realmente cometeu os dois crimes fictícios de Raskolnikov. É de fato a "significação" da obra – definida como a passagem do texto para a realidade – que faz da leitura uma experiência concreta.

A confirmação de si

O que a maioria dos leitores busca não é uma experiência desestabilizante, mas, ao contrário, uma confirmação daquilo em que eles acreditam, daquilo que sabem e esperam.

A habilidade toda dos *best-sellers* é responder a essa demanda. O leitor, dividindo de antemão os valores do herói, não se transforma ao seu contato. O outro não lhe serve para se redefinir, mas para consolidar a imagem (muitas vezes ilusória) que ele tem de si próprio. Ver uma personagem dividir nossos valores tem algo de fundamentalmente tranquilizante. O que é verdade para as relações interpessoais no mundo real também o é para a relação leitor-personagem que se estabelece na leitura:

> Se a identificação é mais fácil entre pessoas que têm um mesmo sistema de valores, é, em primeiro lugar, porque a analogia desses valores, ao inspirar condutas comuns, e também ao permitir uma linguagem comum, amplia as possibilidades de comunicação e de compreensão. É também em razão de um *mecanismo de tranquilização e de defesa do eu*: se meus valores são rejeitados, arrisco sê-lo também; se, ao contrário, são divididos, estou tranquilizado, protegido, forte. (Maisonneuve, 1966, p.391)

O sucesso do herói idealizado vem de seu caráter tranquilizador: confirma a legalidade e a eficácia ("provada" pelo desfecho feliz do romance) das normas que já são as do leitor antes de ele abrir o livro. Do mesmo modo que o público infantil gosta de se projetar em Cinderela ou no Pequeno polegar, muitos leitores adultos se reconhecem no príncipe Malco da série "SAS" ou em uma heroína apaixonada da coleção "Harlequin".

A adesão passiva às normas de um herói estereotipado não é a única forma de sentir a consistência de seu eu. A rejeição absoluta de uma personagem inassimilável tem também como resultado confortar o leitor em suas escolhas ideológicas na base de sua identidade. Pensamos aqui no caso muito particular das leituras em que o protagonista é a tal ponto estranho ao leitor que a identificação não pode funcionar. O sujeito que lê, longe de aceitar o papel previsto pelo romance, revolta-se. É claro que tal processo é involuntário da parte da narrativa e se apoia numa perversão dos mecanismos textuais que funcionam *a contrario*. O interessante é que, mais uma vez, a leitura acaba numa confirmação de si: a recusa espontânea de identificação e a revolta que a acompanha levam o leitor a fechar o livro. Uma experiência tão radical supõe personagens ideológicas muito marcadas e cujo ser afetivo é rejeitado para segundo plano, como os heróis de Barrès ou de Bourget. Recusar os valores familiais, provinciais e patrióticos defendidos em *Os desenraizados*, ou a condenação da democracia desenvolvida em *L'étape* [*A etapa*] é outra forma de assegurar a permanência de seu eu.

A redescoberta de si

Mesmo que não sejam os mais lidos, pode-se considerar que os textos mais interessantes são aqueles que vão ao encontro das supostas disposições do leitor. Quando é confrontado com a diferença, e não com a semelhança, o sujeito tem a possibilidade, graças à leitura, de se redescobrir. O interesse do texto lido não vem mais então daquilo que reconhecemos de nós mesmos nele, mas daquilo que aprendemos de nós mesmos nele.

Analisamos, a título de exemplo, a novela de James, *A volta do parafuso*. Lembramos que a narrativa conta a história de uma jovem governanta empregada num solar para cuidar de duas crianças, Miles e Flora. Ao saber que Miles foi mandado embora da escola, a moça se questiona sobre o que ele pode ter feito de errado. Essa pergunta vai persegui-la até a última página. Uma série de acontecimentos ambíguos (pretensas aparições, confissões com duplo sentido) virão reforçar sua angústia. Decidida a salvar a alma de Miles, acaba causando sua morte. Na medida em que os procedimentos narrativos nos levam a uma identificação perfeita com a personagem-narradora da governanta (descobrimos a história por meio de seu olhar), entramos na fobia e nas neuroses desta última. Longe de contestar sua loucura (o que faríamos, certamente, na realidade), procuramos legitimá-la a fim de não questionar um ponto de vista sobre a história que, graças aos estratagemas do texto, é também o nosso. Eis-nos, portanto, como a narradora, levados a jogar nossas suspeitas nas duas crianças até os limites da histeria.

A governanta de *A volta do parafuso* os leva, assim, por intermédio da identificação, a deixar manifestar-se uma parte de nós próprios da qual não tínhamos necessariamente conhecimento:

> Somente quando o leitor deve constituir, ao longo da leitura, o sentido do texto – e isso não em suas próprias condições (fazendo analogias), mas realmente em circunstâncias que não lhe são familiares – algo se expressa nele destacando um elemento de sua personalidade do qual, até então, não tinha consciência. (Iser, 1985, p.94)

O que a leitura permite, portanto, é a descoberta de sua alteridade. O "outro" do texto, seja do narrador seja de uma personagem, sempre nos manda de volta, por refração, uma imagem de nós mesmos.

Regressão e progressão

A alienação

Na medida em que retoma por sua conta a ou as vozes do texto, o leitor, às vezes, é levado a uma "despossessão" de si próprio que pode chegar até a alienação. A interiorização do outro provocada pela leitura não é necessariamente positiva.

O risco mais evidente é o da influência ideológica do texto. Levado, pelo pacto de leitura, a reconhecer a autoridade da voz narrativa, o leitor chega algumas vezes, por meio de deslizes sucessivos, a aceitar o conjunto da "mensagem" transmitida pelo texto. A análise que Susan Suleiman (1983) propõe para o romance de tese pode estender-se ao conjunto das narrativas:

> Na medida em que o narrador se coloca como fonte da história que conta, parece não somente "autor", mas também *autoridade*. Já que é sua voz que nos informa das ações das personagens e das circunstâncias nas quais essas acontecem, e já

A leitura

que devemos considerar – em virtude do pacto formal que, no romance realista, liga o destinador da história ao destinatário – que aquilo que essa voz conta é "verdadeiro", resulta disso um efeito de deslize que faz que aceitemos como "verdadeiro" não somente o que o narrador nos diz a respeito das ações e das circunstâncias do universo diegético, mas também tudo que ele enuncia como julgamento ou como interpretação. O narrador torna-se assim não somente fonte da história, mas também último intérprete do *sentido* dela. (p.90)

Se, em virtude das convenções romanescas, se aceita tudo que Drieu La Rochelle nos diz a respeito de suas personagens em *Gilles*, como fazer para recusar esse mesmo princípio quando nos apresenta a figura de Rebecca como negativa em razão de suas qualidades de "judia", de "estrangeira" e de "comunista"?

Outro perigo está ligado ao investimento psicológico do leitor. A ligação que nos une a tal personagem pode ser tão exclusiva que somente seu destino narrativo acaba por nos interessar. Como o texto se dirige apenas à sua afetividade, o leitor vê então sua faculdade crítica anestesiada e abandona qualquer recuo. Os formalistas russos tinham percebido perfeitamente o fenômeno:

> O autor pode atrair a simpatia por uma personagem cujo caráter na vida real poderia provocar no leitor um sentimento de repugnância ou de nojo. A relação emocional com o herói depende da construção estética da obra e é somente nas formas primitivas que ela coincide obrigatoriamente com o código tradicional da moral e da vida social. (Tomachevski, 1965, p.295)

Na leitura de um *James Bond*, por exemplo, somos rapidamente levados a desejar o sucesso do agente secreto – e isso, qualquer que seja o número de mortos que ele deixa atrás de si ou a legitimidade dos valores que animam seus adversários.

Enfim, dada a importância da dimensão imaginária na maioria dos textos de ficção, o leitor é frequentemente levado à regressão. Lendo esta ou aquela cena, revive imaginariamente as cenas arcaicas da primeira infância. Michel Picard mostrou como *Os três mosqueteiros* levam o leitor a uma regressão francamente edipiana. D'Artagnan e seus amigos só têm como preocupação redimir a culpa atribuída à mãe (a rainha) lutando contra esses pais demissionários ou violentos que são o rei e o cardeal. Essa tentativa de resgate da figura materna duplica-se, no herói e no leitor que se investe nele, de uma rejeição do princípio de alteridade encarnado por Milady. Realmente, encontram-se na narrativa de Dumas todos os componentes do esquema edipiano: "Cativado pelas cenas imaginárias que ele *reconhece*, o leitor sem recuo se identifica febrilmente, aceita a atitude voyeurista passiva que lhe atribui a narração" (Picard, 1986, p.86). De fato, na ausência de distância crítica, essa repetição do passado não traz nada ao leitor: apenas reproduz negativamente uma cena que ele já viveu.

O desenvolvimento

Por menos, contudo, que o texto leve o leitor a equilibrar seus investimentos por um trabalho de distanciamento, a leitura, longe de conduzir à regressão, pode se revelar uma experiência enriquecedora.

O recuo crítico é determinado essencialmente pela posição de leitura: obrigado a passar de um ponto de vista para outro, o leitor é levado a tomar certa distância em relação à história contada. Qualquer que seja a maneira como coordena as diferentes perspectivas do texto, ele sai mais consciente de sua leitura. Tomemos o caso de *Madame Bovary*. Em primeiro lugar, o leitor é levado a dividir o ponto de vista da narração por meio do "nós" que abre o romance: "Nós estávamos no cartório, quando o diretor do colégio entrou". Depois, simpatiza sucessivamente com Charles e Emma cujas perspectivas dominam, cada qual por sua vez, a narração. Enfim, em alguns capítulos antes do fim, vê-

A leitura

-se reaparecer o narrador-testemunha, primeiro, por intermédio de um pronome coletivo e indefinido, depois, mais precisamente, por meio do presente terminal no qual vêm se juntar tempo da história e tempo da narração:

> Quando tudo foi vendido, sobraram doze francos e setenta e cinco cêntimos que serviram para pagar a viagem da senhorita Bovary à casa de sua avó. A mulher morreu no mesmo ano; como o pai Rouault estava paralisado, foi uma tia que cuidou dele. Ela é pobre e a manda, para ganhar a vida, a uma fábrica de fiação de algodão.

A figura do narrador manifesta-se, portanto, nas duas extremidades do romance para "enquadrar" o olhar do leitor sobre as personagens. Enquanto isso realiza-se uma experiência afetiva bastante rica, que, ao ligar o leitor ao destino dos protagonistas (cujos pontos de vista, aliás, são opostos), é suscetível de questionar a visão do narrador. Encontra-se nas metamorfoses dessa "aventura leitoral" toda a ambiguidade do romance que transforma Emma numa heroína negativa (sua sensibilidade "romântica" nutre-se de banalidades já gastas) e, ao mesmo tempo, positiva (como vítima da "imbecilidade" que a cerca). O leitor, dividido entre o olhar distanciado que lhe impõe o narrador nas duas extremidades da história e uma participação compreensiva dos sentimentos de Charles primeiro, e dos de Emma em seguida, vive essa ambiguidade por assim dizer "do interior".

Na maioria das vezes, é o jogo das identificações que permite o "desenvolvimento" do leitor. A identificação – Freud sempre chamou a atenção para esse ponto – não é um fenômeno psicanalítico entre outros: é o fundamento da constituição imaginária do sujeito e o modelo dos processos ulteriores graças aos quais ele continua se diferenciando. Os mecanismos identificatórios que subentendem os textos de ficção dependem dessa dupla função fundadora e matricial. Lemos novamente, nessa perspectiva, a carta que Loyseau de Mauléon, leitor de *Júlia ou a nova Heloísa*, escrevia para Rousseau:

> Como gosto de juntar às lágrimas de vossas virtuosas personagens, as que fazem derramar de meus olhos o digno objeto que não para de ocupar meu coração ... Nenhum retrato, nenhum sentimento, nenhuma reflexão, nenhum princípio que não se ajusta à minha dolorosa situação. (Galle apud Picard, 1987, p.227, nota 14)

Parece que, por meio da identificação com as personagens, é de fato a verdade de sua própria vida que o leitor está em condição de apreender: a leitura, ao fazê-lo atingir uma percepção mais clara de sua condição, permite-lhe entender-se melhor.

Se, portanto, as estruturas textuais mantêm alerta a consciência crítica do leitor, a volta do reprimido na leitura levará à progressão e não à regressão. Em vez de reviver servilmente uma cena "idêntica", o leitor poderá se reinvestir diferentemente em uma "mesma" cena. A leitura de certos textos permite assim "efeitos de volta" que tornam possível a "ab-reação". Esse termo psicanalítico designa a "descarga emocional" pela qual um sujeito pode se libertar das marcas de um acontecimento traumático. O traumatismo está ligado ao modo como o sujeito reagiu a um acontecimento de seu passado. Somente uma nova reação a esse mesmo acontecimento pode fazê-lo desaparecer. Assim a ab-reação explicaria a função catártica da arte. Ao "reviver" pela leitura as cenas originais onde tudo se amarrou, o sujeito pode encontrar um novo equilíbrio modificando sua relação com o passado. Posso assim, como leitor, me "libertar" do traumatismo edipiano (ou, de qualquer modo, posso reavaliar seu lugar na minha equação pessoal) "revivendo-o", ludicamente por meio das relações de Jean-Jacques e de Madame de Warens, de Julien Sorel e de Madame de Rênal, ou de San-Antonio e de sua mãe. A distância irônica, como mostram esses três exemplos, pode variar com os autores.

A leitura literária

Se a leitura literária tem uma especificidade, é, portanto, por meio de seus efeitos que se deve tentar apreendê-la. Segundo Michel Picard, a leitura literária (ou seja, a leitura dos "textos" literários) reconhece-se em três funções essenciais.

A primeira é "a subversão na conformidade". O texto literário ao mesmo tempo contesta e supõe uma cultura. *Viagem ao fim da noite* só afirma sua novidade em relação às narrativas picarescas; o romance balzaquiano assume o modelo de Scott ao mesmo tempo que se desprende dele. A inovação só se entende a partir da tradição. A leitura literária tem, portanto, um duplo interesse em nos mergulhar numa cultura e fazer explodir-lhe os limites.

A segunda função é "a eleição do sentido na polissemia". O texto literário remete sempre a uma pluralidade de significações (já analisamos longamente esse fenômeno). O leitor dispõe assim de certa latitude quanto à sua interpretação. A leitura literária é, mais do que qualquer uma, marcada subjetivamente: enriquecedora no plano intelectual, autoriza também o investimento imaginário. Se *Os miseráveis*, como destaca o prefácio, pressupõem, antes de mais nada, atrair nossa atenção para os três grandes problemas do século XIX ("a degradação do homem pelo proletariado, a desgraça da mulher pela fome, a atrofia da criança pela noite"), o romance nos permite igualmente – e, talvez, sobretudo – uma série de jogos de identificações e de investimentos imaginários. Dessa forma desenha-se, para cada indivíduo, um espaço ambíguo onde, graças à leitura, o psíquico e o social reformulam suas relações.

A última função apreendida por Picard é "a modelização por uma experiência de realidade fictícia". Trata-se aqui do papel pedagógico da leitura. Modelizar uma situação é propor ao leitor experimentar no modo imaginário uma cena que ele poderia viver na realidade: a leitura, em outras palavras, permite "experimentar" situações. O leitor supostamente diz a si próprio que, confrontado com os problemas afetivos de Raskolnikov ou com as preocupações materiais de Moll Flanders, deveria escolher certos caminhos e evitar outros. O sujeito adquire assim os benefícios de uma experiência que não teve que sentir concretamente. Basta-lhe substituir os elementos do mundo romanesco pelos seus equivalentes no seu mundo de referência. Henry James (1972) já tinha dito isso:

> O sucesso de uma obra de arte pode ser avaliado em razão da ilusão que produz; essa ilusão nos permite imaginar que por um tempo vivemos uma outra vida – que nossa experiência ampliou-se milagrosamente. (p.93)

Subversão na conformidade, eleição do sentido na polissemia, modelização por uma experiência de realidade fictícia, a leitura literária é, desses três modos, uma prática frutuosa da qual o sujeito sai transformado.

Textos

Os prolongamentos concretos da experiência leitora

Se a leitura tem um impacto no leitor, é porque ela relaciona o universo do sujeito com o do texto. O leitor, ao reagir positiva ou negativamente a essa experiência, sai dela inevitavelmente transformado. Jauss lembra aqui as grandes formas dessa interação.

Uma análise da experiência estética do leitor ou de uma coletividade de leitores, presente ou passada, deve considerar os dois elementos constitutivos da concretização do sentido – o *efeito produzido* pela obra, que é função da própria obra, e a *recepção*, que é determinada pelo destinatário da obra – e entender a relação entre texto e leitor como um processo que estabelece uma relação entre dois horizontes ao operar sua fusão. O leitor começa a compreender a obra nova, ou que ainda lhe era estranha, na medida em que, ao entender os pressupostos que orientaram sua compreensão, reconstitui dela o horizonte especificamente literário. Mas a relação com o texto é sempre, ao mesmo tempo, receptiva e ativa. O leitor só pode "fazer falar" um texto, isto é, concretizar numa significação atual o sentido potencial da obra, desde que insira seu pré-entendimento do mundo e da vida no espaço de referência literário envolvido pelo texto. Esse pré-entendimento do leitor inclui as expectativas concretas que correspondem ao horizonte de seus interesses, desejos, necessidades e experiências tais quais são determinadas pela sociedade e classe à qual pertence como também pela sua história individual. Não é preciso insistir no fato de que, a esse horizonte de expectativa que concerne ao mundo e à vida, experiências literárias anteriores já são também integradas. A fusão dos dois horizontes – aquele que envolve o texto e aquele que o leitor traz na sua leitura – pode operar-se de maneira espontânea na fruição das expectativas realizadas, na liberação das imposições e da monotonia cotidianas, na identificação aceita tal qual era proposta, ou mais geralmente na adesão ao suplemento de experiência trazido pela obra. Mas a fusão dos horizontes pode também assumir uma forma reflexiva: distância crítica no exame, constatação de um estranhamento, descoberta do procedimento artístico, resposta a uma incitação intelectual – enquanto o leitor aceita ou recusa integrar a experiência nova ao horizonte de sua própria experiência. (Jauss, 1978, p.259)

A leitura como redescoberta de si

Os textos mais enriquecedores são aqueles que, ao confrontarem o leitor com a diferença, permitem-lhe se descobrir outro. Jean-Louis Baudry mostra a importância fundadora dessa experiência essencial, que encontramos desde as primeiras leituras da infância.

Vincent Jouve

É possível que a leitura – não exatamente a leitura, mas a cerimônia da leitura que a criança celebra com tanto gosto – seja um rito de introdução à intimidade. Ela é, ao mesmo tempo, seu meio, sua paródia e seu exercício real embora difícil. É outra língua que acolhemos, mas existirá somente se lhe emprestarmos nossa voz; imitação e paródia, já que é nossa; difícil exercício, já que é e permanecerá a passagem obrigatória para chegar à nossa. Ler, talvez tenhamos esquecido, é nos manter no limite de um espaço perigoso, na fronteira de onde chamávamos e, ao mesmo tempo, rejeitávamos um outro parecido com aquele que hospedávamos, um outro para o qual era preciso apelar para justificar as incursões que arriscávamos nos territórios secretos que abrigávamos. Esse outro eu, essa sombra carregada, esse outro foco da elipse que podemos colocar como uma hipótese necessária, ou um artifício de cálculo, quando lemos, por meio de nossas emoções ou dos proveitos de um saber, talvez estejamos apenas convocando a presença dele, apenas criando as condições de sua observação.

Pois eis que aquilo que temos de mais próximo, de tão próximo que se identifica conosco, somos nós próprios, nossa voz de intimidade, seguindo o movimento de nossos olhos, reproduzindo dentro de nós todo tipo de criaturas estranhas, de quimeras que se integram à nossa própria substância. A criança que lê é o objeto de uma transmutação. Um povo estranho tomou posse dela; ela sabe agora que contém uma população à qual os livros trazem as provas de uma existência real. É nos livros que ela vai encontrar a confirmação dos seres que os livros engendraram. Ela é o Gigante e o Pequeno Polegar, ela é o caminho semeado de migalhas de pão, será o caminho semeado de pedrinhas; mas é também a condição da existência de todos, como a tela é a condição de existência dos filmes do *pathé-baby* que se projeta na quinta à noite. Sente que existe nela virtualidades infinitas, inúmeras chances; que, como a floresta equatorial, a ilha deserta, ela é um território aberto para novas aventuras, para outras explorações. E ela se torna o conquistador dos livros que a conquistaram. Agora, possui ao lado da faculdade de integração, ao lado de uma passividade que a expôs a todas as colonizações imaginárias, um poder desmedido. É possível que o Gigante devore o Pequeno Polegar, que o lobo entre na casa dos três porquinhos, que o príncipe nunca acorde a bela ou que essa se transforme em fera. Assim, pouco a pouco, a leitura torna-se o lugar de um desafio, de uma luta que desejos opostos praticam. Ela desperta desejos que não queremos reconhecer como nossos. Adivinha-se que existem vazios, coisas caladas. Será que os dentes do lobo podem penetrar na carne através da roupa? Mais tarde, desconfiaremos que as nádegas do pequeno diabo eram muito atraentes para a mãe Mac Miche. (Baudry, 1988, p.69)

Conclusão

A diversidade das teorias da recepção e seu frutuoso desenvolvimento não devem esconder a importância dos problemas que continuam presentes. A análise da leitura – compensação do interesse que suscitou – progressivamente chocou-se contra os mesmos perigos que a crítica literária.

Primeiro de todos os riscos: o subjetivismo. A suspeita, como se viu, é permanente: quem nos assegura que tal pesquisador, ao pretender destacar o trabalho do leitor, não está propondo *in fine* sua visão pessoal? Certos estudos nos informam mais a respeito da acuidade crítica de seu autor do que a respeito dos percursos de leitura supostamente programados pelo texto.

O historicismo, que tanto marcou – pelo menos, no início – H. R. Jauss e sua escola não é um perigo menor. Se o estudo da recepção volta a identificar as representações dominantes de uma época, o objeto da análise é menos a leitura propriamente dita do que a história das mentalidades. Os trabalhos de Leenhardt & Jozsa (1982), tais como são apresentados em *Lire la lecture* [*Ler a leitura*], esclarecem mais a especificidade das culturas francesa e húngara (com suas variáveis sociológicas) do que o processo de recepção em si.

A última armadilha é aquela que o estruturalismo – na sua dupla versão formalista e psicanalítica – evidenciou: uma generalidade e uma abstração tais que não permitem mais entender as particularidades de um texto. Se encontrarmos os mesmos percursos aplicados aos mesmos fenômenos em toda leitura, de que adianta ler *Em busca do tempo perdido* em vez de as intrigas pré-fabricadas da coleção "Harlequin"? O exercício que consiste em depreender, além do leitor e do livro, um certo número de constantes não somente é fastidioso, como também perigoso.

Em suma, tal como a crítica, a teoria da leitura deve enfrentar dois perigos opostos: ser muito vasta ou muito restrita. Nos dois casos, perde seu objeto: a especificidade da obra. A única solução, para aliar a objetividade do pesquisador à análise de um ato por definição singular, é aceitar os limites do projeto, fixando-os. Levantar os fatos textuais pelos quais uma obra programa sua leitura não pode ser mais que um momento da análise. São as diferentes disciplinas que compõem as ciências humanas (Sociologia, História, Psicologia etc.) que, depois, devem explicar como cada leitor assimila essa parte intersubjetiva da leitura. A pesquisa, como se vê, está apenas começando.

Referências bibliográficas

ABRAHAM, B. À propos de la relecture. *Semen*, n.1, "Lectures et lecteurs", 1983.

ADAM, J. M. *Le texte narratif.* Paris: Nathan, 1985.

ARRIVÉ, M. Lire, dé-lire. *Pratiques*, n.7-8, p.7-20, déc. 1975.

BARTHES, R. *Critique et vérité.* Paris: Seuil, 1966.

_____. Combien de lectures? In: ___. *S/Z.* Paris: Seuil, 1970a.

_____. L'interprétation. In: ___. *S/Z.* Paris: Seuil, 1970b.

_____. *S/Z.* Paris: Seuil, 1970c.

_____. *Sade, Fourier, Loyola.* Paris: Seuil, 1971.

_____. *Le plaisir du texte.* Paris: Seuil, 1973.

_____. Introduction à l'analyse structurale des récits. In: ___. *Poétique du récit.* Paris: Seuil, 1977.

BAUDRY, J.-L. Un autre temps. *Nouvelle Revue de Psychanalyse*, "La Lecture", n.37, printemps 1988.

CHARLES, M. *Rhétorique de la lecture.* Paris: Seuil, 1977.

CLANCIER, A. Psycholecture des romans de Raymond Queneau. In: PICARD, M. (Ed.) *La lecture littéraire.* Paris: Clancier-Guénaud, 1987.

DE MAN, P. *Blindness and Insight.* Oxford: Oxford University Press, 1971.

_____. Proust et l'allégorie de la lecture. In: *Mouvements premiers.* Paris: Corti, 1972.

DERRIDA, J. *L'écriture et la différence.* Paris: Seuil, 1967.

DIDEROT, D. *Jacques le fataliste*. Paris: Garnier-Flammarion, 1970.

DOSTOIÉVSKI, F. *Les possédés*. Paris: Gallimard, 1955. (Coll. Folio).

ECO, U. *Lector in fabula*. Paris: Grasset, 1985.

_____. *Leitura do texto literário*. *Lector in fabula*: a cooperação interpretativa nos textos literários. Trad. Mário Brito. Lisboa: Editorial Proença, 1983.

FINAS, L. *La toise et le vertige*. Paris: Éditions des Femmes, 1986.

FLAUBERT, G. *L'éducation sentimentale*. Paris: Garnier-Flammarion, 1969.

FREUD, S. *Métapsychologie*. Paris: Gallimard, 1968.

_____. *L'inquiétante étrangeté*. In: ___. *L'inquiétante étrangeté et autres essais*. Paris: Gallimard, 1985.

GENETTE, G. *Figures III*. Paris: Seuil, 1972.

_____. *Nouveau discours du récit*. Paris: Seuil, 1983.

_____. *Seuils*. Paris: Seuil, 1987.

GERVAIS, B. *Récits et actions*. Longueuil: Le Préambule, 1990.

GREIMAS, A. J. *Du sens*. Paris: Seuil, 1970.

GRIVEL, C. *Production de l'intérêt romanesque*. Paris-La Haye: Mouton, 1973.

_____. Les premières lectures. In: PICARD, M. (Ed.) *La lecture littéraire*. Paris: Clancier-Guénaud, 1987.

HAMON, P. Narrativité et lisibilité. *Poétique*, n.40, nov. 1979.

_____. *Texte et idéologie*. Paris: PUF, 1984.

HUGO, V. *Quatre vingt-treize*. Paris: Gallimard, 1979. (Coll. Folio)

HUYSMANS, J.-K. *Là-bas*. Paris: Garnier-Flammarion, 1978.

ISER, W. *L'acte de lecture*. Trad. franc. Bruxelles: Mardaga, 1985.

JAMES, H. *Theory of Fiction*. James E. Miller Jr., 1972.

JAUSS, H. R. *Pour une esthétique de la réception*. Paris: Gallimard, 1978.

JOUVE, V. *L'effet personnage dans le roman*. Paris: PUF, 1992.

KERBRAT-ORECCHIONI, C. *L'énonciation*. De la subjectivité dans le langage. Paris: A. Colin, 1980.

KOSKO, M. *Un best-seller 1900*: Quo Vadis?. Paris: Corti, 1960.

LAPLANCHE, J., PONTALIS, J.-B. *Vocabulaire de la psychanalyse*. Paris: PUF, 1981.

LEENHARDT, J., JOZSA, P. *Lire la lecture*. Paris: Le Sycomore, 1982.

LINTVELT, J. *Essai de typologie narrative*. Paris: Corti, 1981.

LOTMAN, I. *La structure du texte artistique*. Paris: Gallimard, 1973.

MAISONNEUVE, J. *Psycho-sociologie des affinités*. Paris: PUF, 1966.

METZ, C. *Le signifiant imaginaire*. Paris: Christian Bourgois, 1984.

NOUVELLE Revue de Psychanalyse. "La lecture", v.37, printemps 1988.

ONG, W. The writer's audience is always a fiction. *PLMA*, 90, jan. 1975.

OTTEN, M. La lecture comme reconnaissance. *Français 2000*, n.104, fév. 1982.

PAVEL, T. *Univers de la fiction*. Paris: Seuil, 1988.

PICARD, M. *La lecture comme jeu*. Paris: Minuit, 1986.

_____. (Ed.) *La lecture littéraire*. Paris: Clancier-Guénaud, 1987.

_____. *Lire le temps*. Paris: Minuit, 1989.

POULET, G. Phenomenology of reading. *New Literary History*, n.1, 1969.

_____. Lecture et interprétation du texte littéraire. In: BARBOTIN, E. (Dir.) *Qu'est-ce qu'un texte?* Paris: Corti, 1975.

PRINCE, G. Introduction à l'étude du narrataire. *Poétique*, n.14, 1973.

PROUST, M. *Du côté de chez Swann*. Paris: Gallimard, 1954. (Coll. Folio).

RASTIER, F. *Sens et textualité*. Paris: Hachette, 1989.

RICHAUDEAU, F. *La lisibilité*. Paris: Denoël, 1969.

RICŒUR, P. *Le conflit des interprétations*. Paris: Seuil, 1969.

_____. Événement et sens dans le discours. In: PHILIBERT, M. *Ricoeur ou la liberté selon l'espérance*. Paris: Seghers, 1971.

_____. *Du texte à l'action*. Paris: Seuil, 1986.

ROBERT, M. *Roman des origines et origines du roman*. Paris: Gallimard, 1972.

SADE. *La nouvelle Justine*. Paris: 10/18, 1978.

SARTRE, J.-P. *L'imaginaire*. Paris: Gallimard, 1940.

_____. *Qu'est-ce que la littérature?* Paris: Gallimard, 1948. (Coll. Idées).

SCHUEREWEGEN, F. Le lecteur et le lièvre. In: PICARD, M. (Ed.) *La lecture littéraire*. Paris: Clancier-Guénaud, 1987.

SPITZER, L. *Études de style*. Paris: Gallimard, 1970.

STAROBINSKI, J. Leo Spitzer et la lecture stylistique. In: SPITZER, L. *Études de style*. Paris: Gallimard, 1970.

STENDHAL. *Le rouge et le noir*. Paris: Garnier-Flammarion, 1964.

SULEIMAN, S. *Le roman à thèse*. Paris: PUF, 1983.

THÉRIEN, G. Pour une sémiotique de la lecture. *Protée*, v.2-3, 1990.

TOMACHEVSKI, B. Thématique. In: TODOROV, T. *Théorie de la littérature*. Paris: Seuil, 1965.

WELLS, H. G. *La guerre des mondes*. Paris: Gallimard, 1950. (Coll. Folio).

Índice dos críticos e teóricos

Abelson, R. P., 82
Abraham, B., 109
Adam, J. M., 21, 84
Aristóteles, 89
Arrivé, M., 73
Austin, J. L., 12

Barbéris, P., 24
Barthes, R., 12, 19, 26, 32, 64, 71, 91, 93, 105-6, 128
Baudry, J. L., 110

Charles, M., 30-2
Chomsky, N., 95
Clancier, A., 97

De Man, P., 100-1
Derrida, J., 98
Ducrot, O., 13

Eco, U., 14, 26, 44-8, 61, 75-82, 85-7

Finas, L., 99
Freud, S., 20, 96, 135

Gabrijela, V., 58
Galle, R., 136
Genette, G., 39, 41, 43-4, 48, 67
Gervais, B., 82
Greimas, A. J., 12, 73, 78, 95
Grice, H. P., 75
Grivel, C., 118

Hamon, P., 15, 66

Iser, W., 14, 23, 44, 47, 72, 76, 110, 114, 126-7, 132

Jakobson, R., 90
James, H., 131, 138
Jauss, H. R., 14, 27, 107, 125-7, 138, 143
Jozsa, P., 20, 143

Kosko, M., 102
Kerbrat-Orecchioni, C., 25

Laplanche, 53
Leenhardt, J., 20, 143
Lintvelt, J., 44
Lotman, I., 75

Maisonneuve, J., 130
Mauron, C., 24
Metz, C., 115-6
Morris, C., 12

Ong, W., 48
Otten, M., 15, 66

Pavel, T., 108
Pérol, L., 58
Philibert, M., 24
Picard, M., 15, 29, 49-52, 56, 97, 111-2, 117, 134, 137
Pontalis, 53

Poulet, G., 94, 109, 119-20
Prince, G., 40, 53-6
Proust, M., 18, 20, 78, 100-1, 120-2

Rastier, F., 74
Richaudeau, F., 17
Ricœur, P., 24, 26, 93, 128
Robert, M., 96
Rousset, J., 58

Sartre, J.-P., 107, 119
Schank, R., 82
Schuerewegen, F., 46
Spitzer, L., 93-4, 103-4
Starobinski, J., 93, 103-5
Suleiman, S., 38, 132

Thérien, G., 17, 22
Tomachevski, B., 19

Índice dos escritores
(romancistas e poetas)

Allais, Alphonse (1854-1905), 48
Aragon, Louis (1897-1982), 73

Balzac, Honoré de (1799-1850),
24, 32, 46, 64, 118
Barrès, Maurice (1862-1923),
38, 130
Bataille, Georges (1897-1962), 92
Baudelaire, Charles (1821-1867),
81, 104
Bernanos, Georges (1888-1948), 95
Boulle, Pierre (1912-), 113
Bourget, Paul (1852-1935), 131

Chateaubriand, François-René
(1768-1848), 110
Christie, Agatha (1891-1976),
44, 87
Cícero, Marcus Tullius
($\sim$ 106-$\sim$ 43), 25

Dante Alighieri (1265-1321), 90
Diderot, Denis (1713-1784), 21,
41-2

Dostoiévski, Fiodor M.
(1821-1881), 12
Drieu La Rochelle, Pierre
(1893-1945), 133
Dumas, Alexandre (1802-1870),
134

Éluard, Paul (1895-1952), 70, 74

Faulkner, William (1897-1962),
67, 114
Fejes, Endre, 20
Flaubert, Gustave (1821-1880),
63, 126
Fourier, Charles (1772-1837),
129

Gœthe, Johan Wolfgang von
(1749-1832), 129

Homero ($\sim$ IX s.), 24, 76, 124
Hugo, Victor (1802-1885), 42-3,
62, 99

Huysmans, Georges Charles (1848-1907), 65

Joyce, James (1882-1941), 131

Kundera, Milan (1929-), 112

La Fontaine, Jean de (1621-1695), 94, 123-4
Lesage, Alain René (1668-1747), 35
Loyseau de Mauléon, 136
Lucrécio, Titus (~ 98-~ 55), 124

Mallarmé, Stéphane (1842-1898), 24, 74-5, 91-2
Malraux, André (1901-1976), 21
Mauriac, François (1885-1970), 72
Michelet, Jules (1798-1874), 48
Molière, Jean-Baptiste (1622-1673), 83
Montaigne, Michel de (1533-1592), 37, 68
Montherlant, Henri de (1895-1972), 102-3
Morand, Paul (1888-1976), 64

Nabokov-Sirine, Vladimir (1899-1977), 28-9

Pascal, Blaise (1623-1662), 37
Pérec, Georges (1936-1982), 20
Platão (~ 428-~ 348), 24

Rabelais, François (1494-1553), 67
Racine, Jean (1639-1699), 26, 81, 94
Rimbaud, Arthur (1854-1891), 66
Ronsard, Pierre de (1524-1585), 80

Rousseau, Jean-Jacques (1712-1778), 48, 58, 126, 129, 136

Sade, Donatien-Alphonse--François, marquês de (1740-1814), 67-8, 128
Sand, George (1804-1876), 78
Scarron, Paul (1610-1660), 45
Schiller, Friedrich von (1759-1805), 108
Scott, Walter (1771-1832), 137
Ségur, Sophie, condessa de (1799-1874), 36
Sévigné, Marie de Rabutin--Chantal, marquesa de (1626-1696), 78
Shakespeare, William (1564-1616), 24
Sienkiewicz, Henryk (1846-1916), 102-3
Sófocles (~ 496-~ 406), 124
Stendhal, Henri (1783-1842), 42-3
Sue, Eugène (1804-1857), 26-7

Tchékov, Anton P. (1860-1904), 83
Tolstói, Leon (1828-1910), 49

Verlaine, Paul (1844-1896), 70, 77
Verne, Júlio (1828-1905), 19, 49
Virgílio, Publius (~ 70-~ 19), 111, 124
Voltaire (1694-1778), 69

Wells, Herbert George (1866-1946), 62
Wilde, Oscar (1856-1900), 97

Zola, Émile (1840-1902), 36, 80

Índice das obras ficcionais

Aberto à noite (1922), de Morand, Paul, 64

Além, abaixo (1891), de Huysmans, Joris-Karl, 65

Ana Karenina (1875-1877), de Tolstói, L., 49

Beaux Quartiers, Les [*Os bairros elegantes*] (1936), de Aragon, L., 38

Bel-Ami (1885), de Maupassant, G. de, 30

Bíblia, 25

Busca do tempo perdido, Em (1913-1927), de Proust, M., 20, 54, 55, 78, 100, 144

Caminho de Swann, No (1913), de Proust, Marcel, 55, 78

Canção de Rolando, A (séc. XI-XII), 125

Carta sobre os cegos (1748), de Diderot, Denis, 22

Cartuxa de Parma, A (1839), de Stendhal, 56

Chapeuzinho Vermelho (1697), de Perrault, Charles, 20

Choses, Les [*As coisas*] (1965), de Pérec, Georges, 99

Choses vues [*Coisas vistas*] (póst. 1887-1900), de Hugo, Victor, 20

Cimetière de rouille, Le [*O cemitério de ferrugem*], de Fejes, Endre, 109

Confissões, As (póst. 1782 e 1789), de Rousseau, Jean-Jacques, 109

Conscrito, O, de Balzac, Honoré de, 46

Crime e castigo (1866), de Dostoiévski, Fiodor M., 53, 127

Desastres de Sofia, Os (1864), de Ségur, Sophie, condessa de, 36

Desenraizados, Os (1897-1902), de Barrès, Maurice, 38, 131

Doutor Pascal, O (1893), de Zola, Émile, 79-80

153

Drame bien parisien, Un [*Um drama bem parisiense*], de Allais, Alphonse, 48.
Duelo, O, de Tchékov, Anton Pavlovitch, 83

Édipo rei (430 a.C.), de Sófocles, 124
Educação sentimental, A (1843-1845 e 1864-1869), de Flaubert, Gustave, 63
Enciclopédia, de Diderot (1751-72), 22
Eneida (~29-~19), de Virgílio, 111
Enquanto agonizo (1930), de Faulkner, William, 114
Esperança, A (1937), de Malraux, André, 21
Espírito das leis, O (1748), de Montesquieu, Charles-Louis de Secondat, barão de la Brède e de, 22
Esplendores e misérias das cortesãs (1838-1847), de Balzac, Honoré de, 97
L'Étape [*A etapa*] (1902), de Bourget, Paul, 131
Estrangeiro, O (1942), de Camus, Albert, 52

Falsos moedeiros, Os (1925), de Gide, André, 55, 58
Flores do mal, As, de Baudelaire, Charles, 104

Gargântua (1534), de Rabelais, François, 67, 91.
Germinal (1885), de Zola, Émile, 69, 79.
Gilles (1939), de Drieu La Rochelle, Pierre, 133

Guerra dos mundos, A (1897), de Wells, Herbert G., 62

Histoire naturelle [*História natural*] (1744-1788), de Buffon, Georges Louis Leclerc de, 22.
Homem de areia, de Hoffmann, E. T. A., 117

Ilha misteriosa, A (1874), de Verne, Júlio, 49
Iluminações (1886), de Rimbaud, Jean Nicolas Arthur, 66
Ilusões perdidas, As (1837-1843), de Balzac, Honoré de, 20
Infortúnios da virtude/Justine e os infortúnios da virtude (1797), de Sade, Donatien-Alphonse--François, marquês de, 67

Jacques, o fatalista (póst., 1792-1796), de Diderot, Denis, 21, 41, 43, 58
Júlia ou a nova Heloísa (1761), de Rousseau, Jean-Jacques, 58, 126, 136

Ligações perigosas, As (1782), de Laclos, Pierre Ambroise François Choderlos de, 44
Lírio do vale, O (1835-1836), de Balzac, Honoré de, 40, 41

Madame Bovary (1857), de Flaubert, Gustave, 28, 50, 126, 134-5
Manon Lescaut (1731), de Prévost d'Exiles, Antoine-François, abade, 39
Mémoires d'outre-tombe [*Memórias de além-túmulo*] (1841), de Chateaubriand, François-René, 112

A leitura

Memórias de um burro (1860), de
Ségur, Sophie, condessa de, 36
Misantropo, O (1666), de Molière,
Jean-Baptiste, 83
Miseráveis, Os (1862), de Hugo,
Victor, 77, 137
Mistérios de Paris, Os (1842-1843),
de Sue, Eugène, 26-7
Modification, La [A modificação]
(1957), de Butor, Michel, 58

Náusea, A (1938), de Sartre,
Jean-Paul, 109-10
Nó de víboras, O (1932), de
Mauriac, François, 72
Nova Justine, A (1797), de Sade,
Donatien-Alphonse-François,
marquês de, 67
Noventa e três (1874), de Hugo,
Victor, 42-3, 62, 110

Odisseia, de Homero, 75
Ogre, O (1970), de Tournier,
Michel, 109

Pai Goriot, O (1833), de Balzac,
Honoré de, 55-6
Pele de onagro, A (1831), de Balzac,
Honoré de, 118
"Peste dos animais, A", de La
Fontaine, 123
Planeta dos macacos, O (1963),
de Boulle, Pierre, 113
Poética, de Aristóteles, 89
Possessos, Os (1870), de
Dostoiévski, Fiodor M., 72
Pot-Bouille (1882), de Zola,
Émile, 73
Processo, O (1924), de Kafka,
Franz, 82, 110

Queda, A (1956), de Camus,
Albert, 58

Quo Vadis? (1895), de Sienkiewicz,
Henryk, 102

Religiosa, A (1760, publ. 1796),
de Diderot, Denis, 58
Relógios, Os, de Christie, Agatha,
87
Retórica, de Aristóteles, 89
Roman comique, Le [O romance
cômico] (1751-1757), de
Scarron, Paul, 45
Romance de Enéas, O (séc. XII), 111

Sarrasine, de Balzac, Honoré de,
32, 64, 92-3

Taberna, A (1877), de Zola, Émile,
36, 83
Tratado das sensações (1754),
de Condillac, Étienne de, 22
Três mosqueteiros, Os (1844),
de Dumas, Alexandre, 134
Tristam Shandy (1760-1767),
de Sterne, Laurence, 58
Tristão e Isolda (lenda medieval
celta), 129

Ulisses (1922), de Joyce, James,
21, 75

Vaso de ouro, O (1814) de
Hoffmann, E. T. A., 56
Vera, de Villiers de l'Isle-Adam,
Auguste, 58
Verdadeira vida de Sebastian Knight
(1941), de Nabokov,
Vladimir, 21
Vermelho e o negro, O (1830),
de Stendhal, 28
Viagem ao fim da noite (1932), de
Louis-Ferdinand Céline, 137

Vida não é aqui, A (1973), de Milan Kundera, 112

Vie de Marianne, La [*A vida de Marianne*] (1731-1741), de Marivaux, Pierre Carlet de Chamblain, 127

Volta do parafuso, A (1898), de James, Henry, 117, 131, 132

Werther (1774), de Goethe, Johann Wolfgang von, 52, 129.

Índice das personagens

Alceste. Personagem da mitologia e da literatura gregas e personagem da comédia *O Misantropo* (1666), de Molière, 83

Aramis. Personagem da trilogia romanesca *Os três mosqueteiros* (1844), *Vinte anos depois* (1845) e *O visconde de Bragelonne* (1848), de Alexandre Dumas (pai), 78

Astiné. Personagem do romance *Os desenraizados* (1897-1902), de Maurice Barrès, 38

Athos. Personagem da trilogia romanesca *Os três mosqueteiros* (1844), *Vinte anos depois* (1845) e *O visconde de Bragelonne* (1848), de Alexandre Dumas (pai), 78

Auguste. Personagem da novela *O conscrito*, de Honoré de Balzac, 46

Bloom, Léopold. Personagem central do romance *Ulisses* (1922), de James Joyce, 76

Bond, James, 12, 133

Boulanger, Rodolphe. Personagem do romance *Madame Bovary* (1857), de Gustave Flaubert, 50

Bovary, Charles. Personagem do romance *Madame Bovary* (1857), de Gustave Flaubert, 118

Bovary, Emma. Personagem do romance *Madame Bovary* (1857), de Gustave Flaubert, 58

Cadichon. Personagem do romance *Memórias de um burro* (1860), da condessa de Ségur, 36

Charlus (Palamède de Guermantes, barão de). Personagem da obra *Em busca do tempo perdido* (1913-1927), de Marcel Proust, 78-9

Cinderela. Personagem da literatura universal de contos de fadas, 130

Coupeau, Gervaise. Personagem da série romanesca *Les Rougon-*

-*Macquart* [*Os Rougon-Macquart*]
(1871-1893), de Émile Zola;
aparece em *La fortune des Rougon*
[*A fortuna dos Rougon*] (1871)
e *A taberna* (1877), 83
Croismare (marquês de).
Personagem do romance
A religiosa, de Denis Diderot, 58

D'Artagnan. Protagonista da trilogia
romanesca *Os três mosqueteiros*
(1844), *Vinte anos depois* (1845)
e *O visconde de Bragelonne* (1848),
de Alexandre Dumas (pai),
78, 134
Dantès, Edmond. Personagem
principal do romance *O conde
de Monte-Cristo* (1845), de
Alexandre Dumas, 52
Des Grieux. Herói do romance
Manon Lescaut (1731), do abade
Prévost, 39, 108
Dey (Madame de). Personagem da
novela *O conscrito*, de Honoré
de Balzac, 46
Dom Quixote de La Mancha. Herói
do romance de mesmo nome
(1605-1615), de Cervantes, 58
Duroy, Georges / barão Georges du
Roy de Cantel / Bel-Ami. Herói
do romance *Bel-Ami* (1885),
de Guy de Maupassant, 30
Durtal. Personagem de uma série
romanesca de Joris-
-Karl Huysmans; aparece nos
romances *Além, abaixo* (1891),
En route [*A caminho*] (1895),
La cathédrale [*A catedral*] (1898),
L'oblat [*O oblato*] (1903), 65

Édipo. Personagem da mitologia
e da literatura gregas, 37

Elstir, dito Monsieur Biche.
Personagem da obra *Em busca
do tempo perdido* (1913-1927),
de Marcel Proust, 78-9

Fabrice del Dongo. Personagem
do romance *A cartuxa de Parma*
(1839), de Stendhal, 118
Fedra. Personagem da mitologia
grega; aparece na tragédia *Fedra*
(1677), de Jean Racine, 97
Félicité. Heroína do conto
Um coração simples (1877),
de Gustave Flaubert, 71
Flanders, Moll. Personagem do
romance *Moll Flanders* (1722),
de Daniel Defoe, 138
Flora. Personagem do romance
A volta do parafuso (1898),
de Henry James, 131
Francesca de Rimini. Personagem
evocada na *Divina comédia*
(*c.* 1307-1321), de Dante, 58

Gil Blas. Herói de *História de Gil
Blas de Santillana* (1715-1747),
de Alain-René Lesage, 35
Godzilla. Monstro do cinema, 108

Homais (Monsieur). Personagem
do romance *Madame Bovary*
(1857), de Gustave Flaubert, 50
Hyde (Mr). Personagem do romance
O médico e o monstro (1826), de
Robert Louis Stevenson, 108

Isa. Personagem do romance *O nó
de víboras* (1932), de François
Mauriac, 73

Jacques, o fatalista. Personagem
do romance *Jacques, o fatalista*

(póst., 1792-1796), de Denis Diderot, 21, 41, 43, 58

Javert (Inspetor). Personagem do romance *Os miseráveis* (1862), de Victor Hugo, 77

Jekyll (Doutor). Personagem do romance *O médico e o monstro* (1826), de Robert Louis Stevenson, 108

Jinn. Personagem do romance *O planeta dos macacos* (1963), de Pierre Boulle, 113

Júlia. Personagem da obra *Júlia ou A nova Heloísa* (1761), de Jean-Jacques Rousseau, 58, 126, 136

Julieta. Personagem que aparece pela primeira vez numa novela italiana, *Romeu e Julieta* (1485-1529), de Luigi da Porto, 108

K. Letra que designa a personagem principal Joseph K. no romance *O processo* (1924), de Franz Kafka, 82, 110

Karenina, Ana. Personagem do romance *Ana Karenina* (1875-1877), de Leon Tolstói, 49

Lantier, Ètienne. Personagem do romance *Germinal* (1885), de Émile Zola, 78

Lazarillo de Tormes. Personagem principal do romance picaresco *As aventuras de Lazarillo de Tormes* (1554), 108

Lecerf, Madame. Personagem do romance *A verdadeira vida de Sebastian Knight* (1941), de Vladimir Nabokov, 29

Louis. Personagem do romance *O nó de víboras* (1932), de François Mauriac, 73

Maheu (Os). Personagens do romance *Germinal* (1885), de Émile Zola, 78

Malco. Personagem da série "S.A.S.", 130

Manerville, Nathalie de. Personagem da *Comédia humana* (1830-1848), de Honoré de Balzac; aparece no romance *O lírio do vale* (1835), 41

Manon Lescaut. Heroína do romance de mesmo nome (1731) do abade Prévost, 39

Marcianos (Os). Personagens do romance *A guerra dos mundos* (1897), de Herbert George Wells, 62

Marie. Personagem do romance *O nó de víboras* (1932), de François Mauriac, 73

Merteuil (Marquesa de). Personagem do romance *As ligações perigosas* (1782), de Choderlos de Laclos, 44

Meursault. Personagem principal do romance *O estrangeiro* (1942), de Albert Camus, 52

Milady. Personagem do romance *Os três mosqueteiros* (1844), de Alexandre Dumas (pai), 78, 134

Miles. Personagem do romance *A volta do parafuso* (1898), de Henry James, 131

Molinier, Vincent. Personagem do romance *Os falsos moedeiros* (1925), de André Gide, 55

Moreau, Frédéric. Herói do romance *A educação sentimental* (1843-1845 e 1864-1869), de Gustave Flaubert, 63

Octave. Personagem do romance *Pot-Bouille* (1882), de Émile Zola, 73

Pascal (Doutor). Personagem da série romanesca *Les Rougon--Macquart* [*Os Rougon-Macquart*] (1871-1893), de Émile Zola; aparece em *La fortune des Rougon* [*A fortuna dos Rougon*] (1871), *La faute de l'abbé Mouret* [*O erro do abade Mouret*] (1875) e *O doutor Pascal* (1893), 79-80

Pequeno Polegar. Personagem do conto de mesmo nome (1696), de Charles Perrault, 130, 140

Petitmathieu. Personagem do romance *Aberto à noite* (1922), de Paul Morand, 64

Philinte. Personagem da comédia *O misantropo* (1666), de Molière, 83

Phyllis. Personagem do romance *O planeta dos macacos* (1963), de Pierre Boulle, 113

Poiret. Personagem do romance *Pai Goriot* (1833), de Honoré de Balzac, 55

Porthos. Personagem da trilogia romanesca *Os três mosqueteiros* (1844), *Vinte anos depois* (1845) e *O visconde de Bragelonne* (1848), de Alexandre Dumas (pai), 78

Prudhomme (Monsieur). Citado por Paul Marie Verlaine em *Monsieur Prudhomme*, 70-1

Quesnel. Personagem do romance *Les Beaux Quartiers* [*Os bairros elegantes*] (1936), de Louis Aragon, 38

Raskolnikov. Personagem do romance *Crime e castigo* (1866), de Dostoiévski, 52-3, 97, 129, 138

Rastignac, Eugène de. Personagem da *Comédia humana* (1830-1848), de Honoré de Balzac; aparece nos romances *O pai Goriot*, *As ilusões perdidas*, *A pele de onagro* etc., 56, 97

Rebecca. Personagem do romance *Gilles* (1939), de Drieu La Rochelle, 133

Rênal (Madame de). Personagem do romance *O vermelho e o negro* (1830), de Stendhal, 112, 117, 136

Renoncourt (Senhor de). Personagem do romance *Manon Lescaut* (1731), 39

Richelieu (Cardeal, duque de). Personagem do romance *Os três mosqueteiros* (1844), de Alexandre Dumas (pai), 78

Rochefort. Personagem do romance *Os três mosqueteiros* (1844), de Alexandre Dumas (pai), 78

Roquentin. Personagem do romance *A náusea* (1938), de Jean-Paul Sartre, 109

Rubempré, Lucien Chardon de. Personagem das séries romanescas de Honoré de Balzac: *As ilusões perdidas* (1837-1843) e *Esplendores e misérias das cortesãs* (1838-1847), 20, 97

San-Antonio. Personagem e autor pseudônimo de uma série de romances policiais de Frédéric Dard, 136

Sanson. Personagem do manuscrito *Choses vues* [*Coisas vistas*] (póst., 1887-1900), de Victor Hugo, 99

Santerre. Personagem do romance *Noventa e três* (1874), de Victor Hugo, 42-3

Sarrasine. Personagem da novela *Sarrasine*, de Balzac, 32, 64, 92-3

Sebastian. Personagem do romance *A verdadeira vida de Sebastian Knight*, de Vladimir Nabokov, 28-9

Smith, Cyrus Personagem principal do romance *A ilha misteriosa* (1874), de Júlio Verne, 76-7, 85-6

Sorel, Julien. Personagem do romance *O vermelho e o negro* (1830), de Stendhal, 97, 112, 116, 136

Stavroguine. Personagem do romance *Os possessos* (1870), de Dostoiévski, 72

Swann, Charles. Personagem da obra *Em busca do tempo perdido* (1913-1927), de Marcel Proust, 55, 78-9

Tiffauges, Abel. Personagem do romance *O ogre* (1970), de Michel Tournier, 109

Tikhone. Personagem do romance *Os possessos* (1870), de Dostoiévski, 72

Tréville. Personagem da trilogia romanesca *Os três mosqueteiros* (1844), *Vinte anos depois* (1845) e *O visconde de Bragelonne* (1848), de Alexandre Dumas (pai), 78

Valjean, Jean. Personagem do romance *Os miseráveis* (1862), de Victor Hugo, 77

Valmont (Visconde de). Personagem do romance *As ligações perigosas* (1782), de Choderlos de Laclos, 44

Vandenesse, Félix de. Personagem da *Comédia humana* (1830-1848), de Honoré de Balzac; aparece no romance *O lírio do vale* (1835), 40.

Vinteuil (Mlle). Personagem da obra *Em busca do tempo perdido* (1913-1927), de Marcel Proust, 78-9

Von Graun, Hélène. Personagem do romance *A verdadeira vida de Sebastian Knight*, de Vladimir Nabokov, 29

Werther. Herói do romance *Os sofrimentos do jovem Werther* (1774), de Johann Wolfgang von Gœthe, 52, 129

SOBRE O LIVRO

Formato: 14 x 21 cm
Mancha: 23,3 x 40 paicas
Tipologia: Iowan Old Style 10/14
Papel: Offset 75 g/m² (miolo)
Cartão Supremo 250 g/m² (capa)
1.ª edição: 2002

EQUIPE DE REALIZAÇÃO

Coordenação Geral
Sidnei Simonelli

Produção Gráfica
Anderson Nobara

Edição de Texto
Nelson Luís Barbosa (Assistente Editorial)
Ana Paula Castellani (Preparação de Original)
Nelson Luís Barbosa,
Fábio Gonçalves (Revisão)
Barbara Eleodora Benevides Arruda (Atualização Ortográfica)
Gilson Ferraz (Índices)

Editoração Eletrônica
Lourdes Guacira da Silva Simonelli (Supervisão)
Cia. Editorial e Barbara Eleodora Benevides Arruda (Diagramação)

Impressão e acabamento